高島易断吉運本暦

暦の基礎知識

令和7年・年盤座相

西暦2025年

乙巳《きのとみ》　二黒土星《じこくどせい》

覆燈火《ふくとうひ》　柳宿《りゅうしゅく》

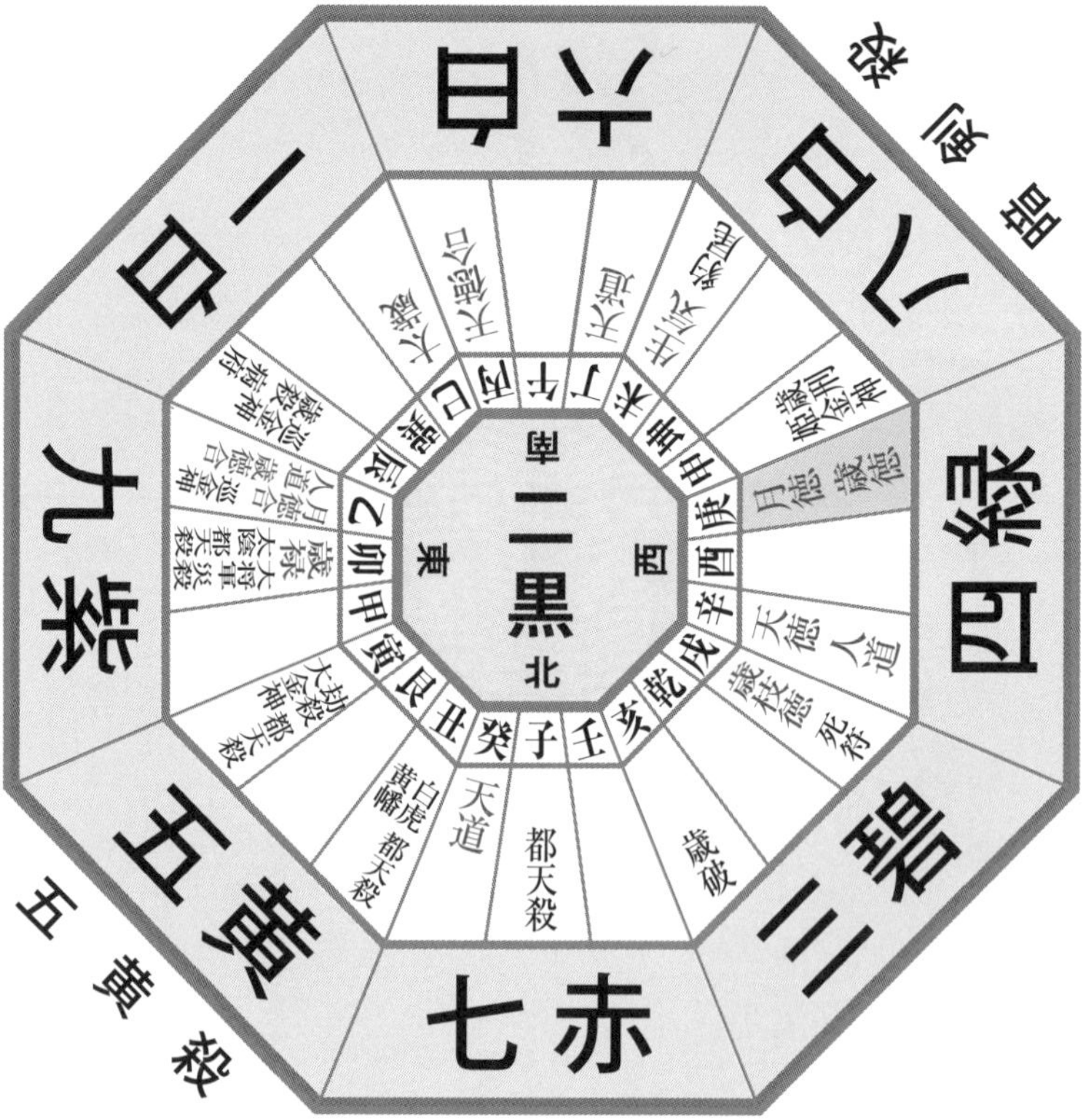

（吉神・凶神）

本年の方位吉凶の説明

令和七年は、乙巳《きのとみ》二黒土星《じこくどせい》中宮《ちゅうぐう》で、納音《なっちん》は覆燈火《ふくとうひ》、二十八宿は柳宿《りゅうしゅく》にあたります。前ページの令和七年の年盤座相のように二黒が中央に配され、北に七赤、東北に五黄、東に九紫、東南に一白、南に六白、西南に八白、西に四緑、西北に三碧がそれぞれ配されます。

従って今年の五黄殺《ごおうさつ》は東北、暗剣殺《あんけんさつ》は西南です。歳破《さいは》は亥《い》の方位になります。

これによって、本年二月立春から翌年の節分までの方災は次のようになります。東北、西南、亥の方位に向かっての普請、動土、造作、改築、土木工事、長期旅行、移転などをすることは、どなたにも大凶となります。各人の本命星が回座しているところを本命殺、その反対側を本命的殺と称し、五黄殺、暗剣殺、歳破と共に大凶方となります。これらの方位を犯しますと、すべてに厳しい方災《ほうさい》が生じます。

なお、神殺《しんさつ》と称して十干と十二支により、子方《ねのかた》に都天《とてん》殺《さつ》、丑方《うしのかた》に白虎《びゃっこ》、都天殺《とてんさつ》、黄幡《おうばん》、寅方《とらのかた》に劫殺《ごうさつ》、都天殺《とてんさつ》、大金神《だいこんじん》、卯方《うのかた》に大将軍《だいしょうぐん》、太陰《たいいん》、災殺《さいさつ》、都天殺《とてんさつ》、乙方《きのとのかた》に巡金神《めぐりこんじん》、辰方《たつのかた》に巡金神《めぐりこんじん》、歳殺《さいさつ》、病符《びょうふ》、未方《ひつじのかた》に豹尾《ひょうび》、申方《さるのかた》に姫金神《ひめこんじん》、歳刑《さいぎょう》、戌方《いぬのかた》に死符《しふ》、亥方《いのかた》に歳破《さいは》などが回《かい》座《ざ》しています。

これらの主な神殺については、7ページからの方殺とはの説明をご参照ください。

本年の吉神処在方

本年は西方のうち、庚方《かのえのかた》が歳徳《としとく》にあたり、恵方《あきのかた》となります。庚方《かのえのかた》に歳徳《としとく》、月徳《げっとく》、卯方《うのかた》に歳禄《さいろく》、乙方《きのとのかた》に月徳合《げっとくごう》、人《じん》道《どう》、歳徳合《としとくごう》、巳方《みのかた》に太歳《たいさい》、丙方《ひのえのかた》に天徳合《てんとくごう》、丁方《ひのとのかた》に天《てん》道《どう》、未方《ひつじのかた》に生気《せいき》、辛方《かのとのかた》に天《てん》徳《とく》、人道《じんどう》、戌方《いぬのかた》に歳枝徳《さいしとく》、癸方《みずのとのかた》に天道《てんどう》が回座しています。

二十四山の同じ方位に吉神、凶神が回座する場合は、吉神が凶神を制化することが原則です。ただし五黄殺、暗剣殺、歳破が回座する方位は制化できません。

本年の八将神、金神の処在方

●八将神の処在方

太歳神《たいさいじん》　巳方《みのかた》
この方位に向かっての、樹木の伐採、掛け合い、談判などは凶。

大将軍《だいしょうぐん》　卯方《うのかた》
この方位に向かっての、動土、普請、移転、旅行などは凶。

太陰神《だいおんじん》　卯方《うのかた》
この方位に向かっての、出産、結婚など女性に関することは凶。

歳刑神《さいぎょうじん》　申方《さるのかた》
この方位に向かっての、種まき、樹木の伐採、動土は凶。

歳破神《さいはじん》　亥方《いのかた》
この方位に向かっての、普請、造作、移転、旅行などは凶。

歳殺神《さいさつじん》　辰方《たつのかた》
この方位に向かっての、結婚、出産、移転、旅行などは凶。

黄幡神《おうばんじん》　丑方《うしのかた》
この方位に向かっての、建築、移転、結婚などは凶。

豹尾神《ひょうびじん》　未方《ひつじのかた》
この方位に向かっての、従業員の採用、家畜を求めることなどは凶。

●金神の処在方

動土、普請、移転、婚礼などを忌む。

大金神《だいこんじん》……寅方《とらのかた》
姫金神《ひめこんじん》……申方《さるのかた》
巡金神《めぐりこんじん》……乙方《きのとのかた》、辰方《たつのかた》

●凶方神の遊行日

大将軍は三年塞がりの大凶方ですが、遊行日を利用すれば障りはありません。金神も同様ですが、九紫火星か天道、天徳、月徳を用いると障りがありません。

○大将軍の遊行日

春…甲子《きのえね》より五日間は東方　夏…丙子《ひのえね》より五日間は南方
秋…庚子《かのえね》より五日間は西方　冬…壬子《みずのえね》より五日間は北方
土用…戊子《つちのえね》より五日間は中央

○金神遊行日

甲寅《きのえとら》より五日間は南方　丙寅《ひのえとら》より五日間は西方
戊寅《つちのえとら》より五日間は中央　庚寅《かのえとら》より五日間は北方
壬寅《みずのえとら》より五日間は東方

○金神四季遊行日

春…乙卯《きのとう》より五日間は東方　夏…丙午《ひのえうま》より五日間は南方
秋…辛酉《かのととり》より五日間は西方　冬…壬子《みずのえね》より五日間は北方

令和7年略暦

平年　乙巳

西暦2025年・皇紀2685年

小	大
二月 戊寅	一月 丁丑
四月 庚辰	三月 己卯
六月 壬午	五月 辛巳
九月 乙酉	七月 癸未
十一月 丁亥	八月 甲申
	十月 丙戌
	十二月 戊子

国民の祝日

元日	一月一日
成人の日	一月十三日
建国記念の日	二月十一日
天皇誕生日	二月廿三日
春分の日	三月廿日
昭和の日	四月廿九日
憲法記念日	五月三日
みどりの日	五月四日
こどもの日	五月五日
海の日	七月廿一日
山の日	八月十一日
敬老の日	九月十五日
秋分の日	九月廿三日
スポーツの日	十月十三日
文化の日	十一月三日
勤労感謝の日	十一月廿三日

民俗行事

旧元日	一月廿九日
初午	二月六日
ひな祭り	三月三日
花まつり	四月八日
メーデー	五月一日
端午	五月五日
七夕	七月七日
ぼん	七月十五日
十五夜	十月六日
十三夜	十一月二日
七五三	十一月十五日

甲子
二月廿四日、四月廿五日、六月廿四日、八月廿三日、十月廿二日、十二月廿一日

天赦
三月十日、五月廿五日、七月廿四日、八月七日、十月六日、十二月廿一日

八専
二月十二日、四月十三日、六月十二日、八月十一日、十月十日、十二月九日

庚申
二月廿日、四月廿一日、六月廿日、八月十九日、十月十八日、十二月十七日

土用
一月十七日、四月十七日、七月十九日、十月廿日

十方暮れ
一月十五日、三月十六日、五月十五日、七月十四日、九月十二日、十一月十一日

己巳
三月一日、四月卅日、六月廿九日、八月廿八日、十月廿七日、十二月廿六日

彼岸
三月廿日、九月廿三日

社日
三月廿日、九月廿六日

天一天上
一月廿四日、三月廿五日、五月廿四日、七月廿三日、九月廿一日、十一月廿日

三伏日
初伏 七月廿日
中伏 七月卅日
末伏 八月九日

二十四節気

小寒	一月五日
大寒	一月廿日
立春	二月三日
雨水	二月十八日
啓蟄	三月五日
春分	三月廿日
清明	四月四日
穀雨	四月廿日
立夏	五月五日
小満	五月廿一日
芒種	六月五日
夏至	六月廿一日
小暑	七月七日
大暑	七月廿二日
立秋	八月七日
処暑	八月廿三日
白露	九月七日
秋分	九月廿三日
寒露	十月八日
霜降	十月廿三日
立冬	十一月七日
小雪	十一月廿二日
大雪	十二月七日
冬至	十二月廿二日

日曜表

一月	五日、十二日、十九日、廿六日
二月	二日、九日、十六日、廿三日
三月	二日、九日、十六日、廿三日、卅日
四月	六日、十三日、廿日、廿七日
五月	四日、十一日、十八日、廿五日
六月	一日、八日、十五日、廿二日、廿九日
七月	六日、十三日、廿日、廿七日
八月	三日、十日、十七日、廿四日、卅一日
九月	七日、十四日、廿一日、廿八日
十月	五日、十二日、十九日、廿六日
十一月	二日、九日、十六日、廿三日、卅日
十二月	七日、十四日、廿一日、廿八日

雑節

節分	二月二日
八十八夜	五月一日
入梅	六月十一日
半夏生	七月一日
二百十日	八月卅一日

※本書は2024年6月に製作しました。掲載の祝日は「国民の祝日に関する法律」により変更される場合があることをご了承ください。

目次

暦の基礎知識 3

本年の方位の吉凶と、暦の見方や基本的な用語について詳しく解説しています。

行事・祭事 29

行事、旧暦、六輝、暦注、東京・大阪の日出入、満干潮の時刻などを掲載しています。

九星別運勢と方位の吉凶 55

九星別の年運・月運・吉日、方位の吉凶を掲載しています。生まれた年から自分の九星を調べ(56～57ページ参照)、毎日の生活の指針にしてください。

実用百科 116

人相や手相の見方、家相など、実用的な情報が満載です。

方殺とは

■五黄殺《ごおうさつ》 その年の方位盤と毎月の方位盤の五黄土星が飛泊する方位をいいます。本来、五黄土星は中央を定位置として徳を備えていますが、殺伐の気も強烈で、すべてのものを包み込む作用があるとされます。
これを犯す時は事業の不調、失業、長期にわたる疾患、盗難、死亡などの凶現象が現れ、どのような吉神の徳も効果がないので、厳に避けなければなりません。

■暗剣殺《あんけんさつ》 五黄殺の正反対側になり、中央に座す（中宮）星の定位置です。すべてを統括する五黄以外の位のないものが中央に入るため、定位は暗剣の作用を受けることになります。多くの場合は本業以外で悪いことが起こりがちになり、色情問題や他人の保証で迷惑をこうむったり、肉親縁者のことでトラブルが起こり損害や迷惑を受けるので、この方位への移転は厳に慎みます。

■本命殺《ほんめいさつ》 年、月共に自分の本命星の座所の方位を指します。この方位を犯すと、多くの場合、健康に影響します。修理、移転、婚礼なども不可です。

■本命的殺《ほんめいてきさつ》 自分の本命星の位置する方位の反対側の方位を指します。この方位を犯すと、精神的な悩みを誘発することがあります。

■歳破《さいは》（月破《げっぱ》） 年（月）の十二支の対冲にあたり、破の文字が示すように物事に破れの作用を現すものです。相談事の不調、縁談などの不成立、対人的不和、争論などの災いがあります。

■定位対冲《ていいたいちゅう》…定位対冲とは、各九星がその本来の定位置の反対側に座した時の方位をいいます。この方位を犯すと凶現象を示すとされますが、事情によってはわざわざこの方位を用いさせ、吉兆を得ることがあります。

■都天殺《とてんさつ》…五黄殺に匹敵する力を持つといわれ、この方位に向かって何事をするにも凶とされます。

■白虎《びゃっこ》…非常に殺伐の気が盛んとされます。この方位に向かっての普請、動土は慎むこととされています。

■病符《びょうふ》…前年の太歳神の跡に位置し、病気に注意を要する方位で、これを犯すと一年後に発病します。健康に自信のない人は特に注意してください。

■死符《しふ》…前年の歳破神の跡に位置し、墓地を買ったり墓を作ったりする時に用いてはならない方位です。これを犯すと、五年にして主人の死に遭うとされています。

■劫殺《ごうさつ》・災殺《さいさつ》…二神とも歳殺神に次ぐ凶方とされ、歳殺神と合わせ「三殺」の意になります。この方位に向かって普請、動土、修築、造作をすると、盗難、病難を招くといわれています。

方位盤の見方

暦をご覧になる方のほとんどが、まずいちばんに関心を抱かれるのがご自分の運勢、次いで方位の吉凶に関することのようです。暦を正しく理解し、活用していただくために、ぜひ心得ていただきたい方位の見方の予備知識について説明しましょう。

■方位盤

暦に掲げてある八角形の方位盤は、円周三百六十度を八等分して四十五度ずつにしてあります。そして東・西・南・北の四正《しせい》と、東南（巽）、西南（坤）、西北（乾）、東北（艮）の四隅《しぐう》をそれぞれ配置して、八方位にしてあります。通常地図に用いられている方位は常に北が上部になって、南が下部になっていますが、暦上の方位盤は南が上部になっているのが特徴ですから、間違いのないように注意してください。

■二十四山と八宮の名称

○**二十四山《にじゅうしざん》**　方位盤の八方位には毎年、毎月回座する九星が配置してあります。そしてこの一角ずつをさらに十五度ずつ三つに分割して三山とし、全八角に二十四山が配当されています。

○**坎宮《かんきゅう》**　北方の四十五度の一角を坎宮《かんきゅう》と称して、壬《みずのえ》、子《ね》、癸《みずのと》に三等分してあります。

○**艮宮《ごんきゅう》**　北方と東方の中間の四十五度一角を艮宮《ごんきゅう》と称して、丑《うし》、艮《ごん》、寅《とら》に三等分してあります。

○**震宮《しんきゅう》**　東方の四十五度の一角を震宮《しんきゅう》と称して、甲《きのえ》、卯《う》、乙《きのと》に三等分してあります。

○**巽宮《そんきゅう》**　東方と南方の中間四十五度の一角を巽宮《そんきゅう》と称して、辰《たつ》、巽《そん》、巳《み》に三等分してあります。

○**離宮《りきゅう》**　南方の四十五度の一角を離宮《りきゅう》と称して、丙《ひのえ》、午《うま》、丁《ひのと》に三等分してあります。

○**坤宮《こんきゅう》**　南方と西方の中間四十五度の一角を坤宮《こんきゅう》と称して、未《ひつじ》、坤《こん》、申《さる》に三等分してあります。

○**兌宮《だきゅう》**　西方の四十五度の一角を兌宮《だきゅう》と称して、庚《かのえ》、酉《とり》、辛《かのと》に三等分してあります。

○**乾宮《けんきゅう》**　西方と北方の中間四十五度の一角を乾宮《けんきゅう》と称して、戌《いぬ》、乾《けん》、亥《い》に三等分してあります。

■方位

○**鬼門《きもん》**　俗に鬼門といわれている凶方位は、艮宮（丑、艮、寅）の方位です。

○**裏鬼門《うらきもん》**　鬼門の真向かい側にあたる凶方位が裏鬼門で、坤宮（未、坤、申）の方位です。

六輝の説明

中国宋時代に誕生し、室町時代に伝来した六輝星は別名を孔明六曜星とも呼ばれ、中国の三国志で有名な名将諸葛孔明が発明したとの説もありますが、史実ではなくあくまでも伝説です。

江戸時代はほとんど人気がなく、載せていない暦もかなりあったようですが、明治の改暦で他の人気暦注が消えた後、装いも新たに再び登場して、戦後になると爆発的な人気を博し現在に至っています。

伝来した当初は、泰安《たいあん》、留連《りゅうれん》、速喜《そっき》、赤口《しゃっく》、将吉《しょうきち》、空亡《くうぼう》の順でしたが、江戸末期頃より、今日のような名称に変わり、日の吉凶を知るのに暦、カレンダーはもとより、手帳などにも載っています。

また六輝は、悪い日が三日であとは吉日、善日、幸日が交互に配列されていますが、これは陰陽の原則に基づいていると考えられます。

ただ、暦により解釈は多少異なっているものがあるようです。六輝が生まれた中国では現在、大安も仏滅も友引もなく、日本でだけの人気です。

◐先勝　せんかち・せんしょう　先勝日《にち》の略。急用や訴訟などに吉の日とされています。ただし午後は凶となります。旧暦の一月朔日《ついたち》、七月朔日に配されています。

⊤友引　ともびき　友引日《にち》の略。午前中と夕刻と夜は相引きで勝負なしの吉の日。ただし昼は凶。この日葬儀をすると、他人の死を招く恐れがあるといわれています。旧暦の二月朔日、八月朔日に配されています。

◑先負　せんまけ・せんぷ　先負日《にち》の略。静かにしているのがよい日とされ、特に公事や急用を避ける日。午後大吉。旧暦三月朔日、九月朔日に配されています。

●仏滅　ぶつめつ　仏滅日《にち》の略。この日に開店、移転など、新規に事を起こすのはもちろんのこと、陰陽道で何事をするのも忌むべき日とされています。旧暦四月朔日、十月朔日に配されています。

○大安　たいあん・だいあん　大安日《にち》の略。陰陽道でこの日、結婚、旅行、建築、開店など、何事をなすのにも吉日とされています。旧暦五月朔日、十一月朔日に配されています。

◐赤口　しゃっく・しゃっこう　赤口日《にち》の略。赤口神《しゃっこうじん》が衆生を悩まし、新規の事始めはもちろんのこと、何事をするのも忌むべき日とされています。ただし正午のみ吉。旧暦六月朔日、十二月朔日に配されています。

中段（十二直）の説明

たつ（建）	この日は建の意で最高吉日。神仏の祭祀、結婚、開店等すべて大吉。動土蔵開き凶。
のぞく（除）	この日は不浄を払い百凶を除き去り、医師かかり始め、種まき吉。結婚、動土は凶。
みつ（満）	この日は満の意で万象万物すべて満たされる良日。建築、移転、結婚、祝い事吉。
たいら（平）	この日は平の意で、物事の平等分配を図るので、地固め、種まき、結婚、祝い事吉。
さだん（定）	良悪が定まる意で、建築、移転、結婚、開店、開業等、祝い事吉。樹木の植え替え凶。
とる（執）	この日は執の意で、万事活動育成を促す日。祝い事等吉で財産整理等には凶。
やぶる（破）	この日は破の意で、訴訟等には吉。結婚その他約束事、神仏の祭祀等は凶。
あやぶ（危）	この日は万事に危惧を含み、何事も控えめに慎んで吉。旅行、登山、船乗り等は凶。
なる（成）	この日は成就の意で、建築、開店、種まき等の新規事はすべて吉。訴訟事等は大凶。
おさん（納）	この日は別名天倉といい、万物を納めるのに吉。神仏祭祀、結婚、見合い等は凶。
ひらく（開）	険を開き通じる意で、建築、結婚、開業等吉。ただし葬儀、その他の不浄事凶。
とづ（閉）	この日は諸事閉止する意で、金銭の収納、建墓は吉。棟上げ、結婚、開店等は凶。

中段（十二直）の由来

別名を中段という十二直は、十二建とも十二客とも呼ばれていました。江戸時代の「かな暦」の中段に載っていたもので、日常生活に深く関わり、かなり重要視されていました。

現在では日の吉凶は、大安、友引などで知られる、六曜六輝のほうが断然主役になっていますが、平安時代から江戸、明治、大正、昭和の初期あたりまでは、六輝より十二直によって婚礼の日取りなどを選んでいました。さらに、移転、建築、造作、養蚕、治療、事業、法事、衣服の裁断、旅行、井戸掘りなど、日常生活のあらゆる吉凶を、この十二直によって判断していました。十二直の直の字が、アタルという意味で信じられていたようです。

十二直は、十二支と関係があり、もともとは中国の北斗七星信仰に由来したものです。中心は建で六輝の大安と同じです。

二十八宿の説明

東方七宿	角《かく》	婚礼普請着初吉葬儀凶
	亢《こう》	種播結納吉家造りは凶
	氐《てい》	婚礼酒造種播吉普請凶
	房《ぼう》	新規事婚礼棟上等大吉
	心《しん》	神祭移転旅行吉他は凶
	尾《び》	開店婚礼造作吉衣裁凶
	箕《き》	普請動土池掘吉葬儀凶
北方七宿	斗《と》	新規事倉庫建築動土吉
	牛《ぎゅう》	何事に用いても吉祥日
	女《じょ》	稽古事始吉訴訟婚葬凶
	虚《きょ》	学問吉積極的行動は凶
	危《き》	壁塗酒造旅行吉仕立凶
	室《しつ》	祝事婚礼造作祭祀等吉
	壁《へき》	旅行婚礼万事大吉南凶
西方七宿	奎《けい》	柱立棟上神仏祭事等吉
	婁《ろう》	普請造作庭造契約事吉
	胃《い》	世話事普請造作公事吉
	昴《ぼう》	参詣祝事新規事婚礼吉
	畢《ひつ》	祭祀婚礼棟上取引始吉
	觜《し》	稽古事始吉造作着初凶
	参《しん》	婚礼旅行は吉葬儀は凶
南方七宿	井《せい》	参詣動土種播吉衣裁凶
	鬼《き》	婚礼のみ凶他全て大吉
	柳《りゅう》	造作婚礼葬儀などは凶
	星《せい》	祭祀治療吉婚礼葬儀凶
	張《ちょう》	見合い神仏祈願祝宴吉
	翼《よく》	耕作始め樹木植替え吉
	軫《しん》	地鎮祭就職婚姻祭祀吉

二十八宿の由来

二十八宿とは、季節を定める方法として、古代中国で考え出されたものです。夕暮、西の空に細い三日月が見えますが、この三日月は朔から数えて三日目の月という意味です。

朔の日の月を新月と呼びますが、新月と二日の月は見えません。三日でようやく見えて、この三日月の位置から見えなかった新月と二日の月を推定し、月、星、太陽などの位置がある程度正確に計算できたものと思われます。

そこで月の通る道に沿って、目立つ星を目標に二十八の星座を決め、これを二十八宿と称して日、月に配当して、古来吉凶を占うのに用いられています。

各星宿は天空を西から東へと数え、黄道帯を、東方青龍、北方玄武、西方白虎、南方朱雀の四宮とし、これをさらに七分割して配当されています。

節気　循環する自然の移ろい

●**立春**《りっしゅん》　旧暦正月寅月の正節で、新暦二月四日頃、節分の翌日となります。暦上では春となり、この日が一年の初めとされました。この頃から気温は上昇に向かい始め、どことなく春の気配が感じられる時期です。

●**雨水**《うすい》　旧暦正月寅月の中気で、新暦では二月十八日頃になります。この頃から雨水がぬるみ始め、草木が芽生える兆しがあります。

●**啓蟄**《けいちつ》　旧暦二月卯月の正節で、新暦では三月五日頃になります。冬ごもりをしていたいろいろな虫が、地下から地上にはい出してくる頃といわれています。

●**春分**《しゅんぶん》　旧暦二月卯月の中気で、新暦では三月二十一日頃になります。太陽は真東から昇り真西に沈み、昼と夜の長さがほぼ等しくなる日で、この日から徐々に昼が長くなり、夜が短くなります。春の彼岸の中日となっています。

●**清明**《せいめい》　旧暦三月辰月の正節で、新暦では四月四日頃になります。春の気が明るく美しく輝き、草木の花が咲き、清新の時となります。

●**穀雨**《こくう》　旧暦三月辰月の中気で、新暦では四月二十日頃になります。春雨が降る日が多く、冬の間乾いていた大地や田畑を湿らせ、天からの恵みとなる季節です。

●**立夏**《りっか》　旧暦四月巳月の正節で、新暦では五月五日頃になります。新緑が鮮やかになり、山野に生気が走り、皐月風の匂いが立ち始める頃となります。

●**小満**《しょうまん》　旧暦四月巳月の中気で、新暦では五月二十一日頃になります。山野の植物が花に埋もれ、実を結びます。田植えの準備で人も忙しく、月もおぼろに輝く時です。

●**芒種**《ぼうしゅ》　旧暦五月午月の正節で、新暦では六月五日頃になります。雨が長い日数降りしきり、農家は稲を植える準備などで多忙を極めます。

●**夏至**《げし》　旧暦五月午月の中気で、新暦では六月二十一日頃になります。この日、北半球では昼が最も長く、反対に夜が最も短くなります。梅雨真っ盛りの時期で長雨が降り続きます。

●**小暑**《しょうしょ》　旧暦六月未月の正節で、新暦では七月七日頃になります。日脚は徐々に短くなりますが、暑さは日ごとに増していきます。

●**大暑**《たいしょ》　旧暦六月未月の中気で、新暦では七月二十三日頃になります。暑さがますます加わり、一年で最も気温の高い時期です。

立秋《りっしゅう》 旧暦七月申月の正節で、新暦では八月七日頃になります。暦の上では秋になります。残暑はなお厳しいですが、風や雲に秋の気配が感じられるようになってきます。

処暑《しょしょ》 旧暦七月申月の中気で、新暦では八月二十三日頃になります。暑さもそろそろおさまり、秋風の吹く頃となります。収穫の秋も目前となります。

白露《はくろ》 旧暦八月酉月の正節で、新暦では九月七日頃になります。白露とは「しらつゆ」の意味で、野の草などに付いたつゆの光が、秋の趣を感じさせます。

秋分《しゅうぶん》 旧暦八月酉月の中気で、新暦では九月二十三日頃になります。春分同様、昼夜の長さがほぼ等しくなります。秋の彼岸の中日で、祖先の霊を敬い亡き人の霊を偲ぶ日となっています。

寒露《かんろ》 旧暦九月戌月の正節で、新暦では十月八日頃になります。寒露とは、晩秋から初冬の頃に野草に付く露のことです。紅葉は鮮やかに映え、冷気を肌に感じ始める季節となります。

霜降《そうこう》 旧暦九月戌月の中気で、新暦では十月二十三日頃になります。早朝に霜の降りるのを見るようになり、冬が間近にせまっている時です。

立冬《りっとう》 旧暦十月亥月の正節で、新暦では十一月七日頃になります。陽の光もなんとなく弱くなり、日没も早くなります。木の葉も落ち、冬枯れの始まりです。

小雪《しょうせつ》 旧暦十月亥月の中気で、新暦では十一月二十二日頃になります。高い山には真っ白な雪が見られます。木枯らしが吹き、物寂しい冬が近いのを感じます。

大雪《たいせつ》 旧暦十一月子月の正節で、新暦では十二月七日頃になります。山の峰は積雪によって綿で覆われたようになり、平地も北風が身にしみる候になります。

冬至《とうじ》 旧暦十一月子月の中気で、新暦では十二月二十二日頃になります。北半球では、一年で昼が最も短く、夜が最も長くなります。この日を境に一陽来復、日脚は少しずつ伸びていきます。この日にかぼちゃを食べ、柚子《ゆず》湯に入り、一年の健康を願う習慣があります。

小寒《しょうかん》 旧暦十二月丑月の正節で、新暦では一月五日頃になります。この日から「寒の入り」とします。本格的な冬で、降雪と寒風にさいなまれます。

大寒《だいかん》 旧暦十二月丑月の中気で、新暦では一月二十日頃になります。冬将軍がますます活躍し、寒さの絶頂期ですが、その極寒を切り抜けてこそ、春の日ざしの暖かさを天恵として感じるのです。

特殊日吉凶の説明

暦日上には古くから伝わる吉凶を示した特殊な日がありますが、私達が日常、吉祥であれかしと縁起をかつぐ人情は、古今、洋の東西を問わず、いつの世も不変のことでしょう。その意味で、暦日上の特殊な日の吉凶について述べてみます。

一粒万倍日　いちりゅうまんばいび

一粒の種が万倍に増える吉日です。そのために諸事成功を願って事始めに用いられ、古くから、特に商売始め、開店、金銭を出すのによいとされています。反面、増えて多くなる意味から、人から物を借りたり、借金したりするのには凶の日です。

八専　はっせん

八専とは、陰暦壬子《みずのえね》の日から癸亥《みずのとい》の日までの十二日間のうち、これに五行を配した時、干と支が専一となる壬子《みずのえね》、甲寅《きのえとら》、乙卯《きのとう》、丁巳《ひのとみ》、己未《つちのとひつじ》、庚申《かのえさる》、辛酉《かのととり》、癸亥《みずのとい》の八日のことで、一年に六回あります。この日は法事・供養などの仏事、嫁取り、建て替えにあたっての取り壊しなどの破壊的なことなどには悪い日とされています。ただし、十二日間のうち、干支が専一とならない癸丑《みずのとうし》、丙辰《ひのえたつ》、戊午《つちのえうま》、壬戌《みずのえいぬ》の四日間は間日となり、障りはありません。

不成就日　ふじょうじゅび

障りがあって物事が成就せず、悪い結果を招く凶日とされています。

特に結婚、開店、柱立て、命名、移転、契約事などには不向きで、この日に急に何事かを思い立ったり、願い事をすることすら避けるべきだとされています。

三りんぼう　さんりんぼう

昔から普請始め、柱立て、棟上げなどには大凶日とされ、この日を用いて後日災禍が起きると、近所隣をも亡ぼすとされています。

参考までにこの日の見方を掲げます。

旧正月、旧四月、旧七月、旧十月は亥の日。

旧二月、旧五月、旧八月、旧十一月は寅の日。

旧三月、旧六月、旧九月、旧十二月は午の日。
（注・旧暦の変わり日は各月の節入日からです）

天一天上　てんいちてんじょう

天一天上とは、人事の吉凶禍福をつかさどる天一神が天上する日です。天一神は癸巳《みずのとみ》の日に天上するので、それから戊申《つちのえさる》の日までの十六日間は、天一神の障りはなく、いずれの方角へ行っても自由であるとされています。

天一神は、天上から降りた後、次のように、下界で八方を巡って過ごすといわれています（天一神遊行）。この間は、それぞれの方位に向かってのお産、交渉事などは凶とされています。

天一神の遊行日

己酉《つちのととり》の日から六日間…東北の方位
乙卯《きのとう》の日から五日間…東の方位
庚申《かのえさる》の日から六日間…東南の方位
丙寅《ひのえとら》の日から五日間…南の方位
辛未《かのとひつじ》の日から六日間…西南の方位
丁丑《ひのとうし》の日から五日間…西の方位
壬午《みずのえうま》の日から六日間…西北の方位
戊子《つちのえね》の日から五日間…北の方位

天赦　てんしゃ

この日は干支相生、相剋の中を得る大吉日で、天の恩恵により何の障害も起きない日とされ、特に結婚、開店、事業、創立、拡張などには最良の日とされています。

土用　どよう

一年の春・夏・秋・冬にはそれぞれの四季の土用があり、その期間は十八日前後です。この期間中は、特に動土、土木工事に着手することは大凶とされています。

冬の土用　一月十七日頃から二月立春の前日まで。
春の土用　四月十七日頃から五月立夏の前日まで。
夏の土用　七月二十日頃から八月立秋の前日まで。
秋の土用　十月二十日頃から十一月立冬の前日まで。

ただし、土用中でも間日は障りありません。その間日は、春は巳《み》、午《うま》、酉《とり》の日。夏は卯《う》、辰《たつ》、申《さる》の日。秋は未《ひつじ》、酉《とり》、亥《い》の日。冬は寅《とら》、卯《う》、巳《み》の日となります。

十方暮れ　じっぽうぐれ

干支相剋の凶日（ただし相剋しない日も含む）で、甲申《きのえさる》の日から入って癸巳《みずのとみ》の日までの十日間です。この日は労多くして功少ない日とされ、新規に事を起こすと失敗損失を招きます。なお、旅立ちにも凶日とされています。

事柄別の良い日取り

結婚に関する良い日取り

お見合い

お互いが顔見知りである間柄なら問題ありませんが、初めてというお見合いの場合は、まず本人お互いの本命星の吉方が合う方角の場所を選んでください（本書に九星別に各月の吉方位が載っています）。次に、日は暦の各月の六輝の欄の大安、友引がよく、中段では、「たつ、みつ、たいら、とる、なる、ひらく」の日を選びます。

結納

結納の日取りは、嫁ぐ人から見て嫁ぎ先の方角が吉方位になる日か、暦の中段の、「なる、みつ、たいら、さだん」の日や六輝の大安、友引がよく、先勝の日でしたら午前中に行ないます。

婚礼

結婚式の日取りは、嫁ぐ人にとって嫁ぎ先の家の方角が吉方位となる年、月、日を選ぶことが大切です。気学及び九星学に基づいてこの吉方位を決めることになりますと、普通の人ではなかなか難しいのですが、古くから世間一般的には、暦の中段の「なる、たいら、たつ、さだん」、または六輝の大安日を選びます。

腹帯の吉日

古《いにしえ》より俗に岩田帯といわれている妊娠腹帯は犬のお産が概して安産であるということにあやかって、五ヵ月目の戌《いぬ》の日にするものとされています。

古文書には甲子《きのえね》、甲戌《きのえいぬ》、乙丑《きのとうし》、丙午《ひのえうま》、丙戌《ひのえいぬ》、戊戌《つちのえいぬ》、庚戌《かのえいぬ》、庚子《かのえね》、辛酉《かのととり》の日がよいとも記されています。また一般的には、暦の中段の「なる、みつ、たつ」の日を吉日としています。

胞衣《えな》を納める方位

胞衣を納めるには、その年の五黄殺、暗剣殺、本命殺、本命的殺、歳破の五大凶殺方位を避けて、生児の本命星と相生する星の回座している吉方の方角か、またはその年の歳徳神の位置する「あきのかた」の方角に納めるのがよいとされています。

事業に関する良い日取り

商談

商談を進めようとする相手の方位をまず調べます。そしてその方位が自分の本命星と現在、相生か相剋かを見て、相生であれば暦の中段の「たつ、みつ、たいら、さだん、とる、なる、ひらく」の吉日を、また六輝の大安、先勝の午前、友引の日を選んで話を進めればよいでしょう。

開店

業種により開店の時期はいろいろと考えられますが、自分の本命星が、方位盤の西南、東、東南に入る年、月で決めます。日を決めるには暦の中段の、「たつ、みつ、たいら、さだん、なる、ひらく」がよく、六輝では大安、先勝（午前中）、友引がよいとされています。

新築・改築に関する良い日取り

地鎮祭

土木工事や建築の基礎工事に着手する前に、その土地の神を祭って、工事の無事と、厄災を払うことを祈願するのが地鎮祭です。建築主と相性のよい土地を選んで行なうとよいでしょう。

■地鎮祭の吉日……甲子《きのえね》、甲寅《きのえとら》、甲辰《きのえたつ》、乙酉《きのととり》、戊申《つちのえさる》、庚子《かのえね》、庚戌《かのえいぬ》、壬子《みずのえね》、壬寅《みずのえとら》（ただし寅の日の三りんぼうは凶です）。これらのうちでも、土用は避けてください。

柱立て

柱立てによい日とされている吉日は、甲子《きのえね》、甲寅《きのえとら》、甲辰《きのえたつ》、乙酉《きのととり》、戊申《つちのえさる》、庚子《かのえね》、庚午《かのえうま》、庚戌《かのえいぬ》、壬子《みずのえね》、壬寅《みずのえとら》の日です。ただし、寅の日の三りんぼうにあたる日は凶日となりますから、注意してください。

■柱立ての順序

春は南から立てはじめ東、西、北の順
夏は北から立てはじめ南、西、東の順
秋は東から立てはじめ西、北、南の順
冬は西から立てはじめ東、南、北の順
以上の順に立てます。

棟上げ

甲子《きのえね》、甲辰《きのえたつ》、乙酉《きのととり》、乙亥《きのとい》、庚子《かのえね》、庚辰《かのえたつ》、庚戌《かのえいぬ》、癸巳《みずのとみ》、癸酉《みずのととり》。

右の日が棟上げに吉日とされています。

● 勝負事、交渉事に勝つ

昔から、諸事必勝法としてこれを行なえば、負けずに勝つという秘法が伝えられています。それは、左図・表を使って、破軍星というものを求め、それを必ず背にして勝負事、交渉事にあたるという方法です。

例えば、九月のある日、午前九時から十時の間に事に掛かるとします。図1を見ると、その時刻は「巳」の刻となります。次に図2を見てください。九月の欄には「一つ目」とあります（月は旧暦を使います）。先ほど調べた図1の「巳」から、一つ分、時計回りに進んだところを見ると「午」になります。この午の方位が破軍星の方位です。この方位を背にして進むには、図1で見て反対側「子」の方位に進めばよいのです。

【図1】

【図2】

正月	二月	三月
四月	五月	六月
七月	八月	九月
十月	十一月	十二月
五つ目	六つ目	七つ目
八つ目	九つ目	十
十一	十二	一
二つ目	三つ目	四つ目

※表の実際の配置:

正月 五つ目	二月 六つ目	三月 七つ目
四月 八つ目	五月 九つ目	六月 十
七月 十一	八月 十二	九月 一つ目
十月 二つ目	十一月 三つ目	十二月 四つ目

● 種まきの適期

水稲　四月下旬～五月中旬
陸稲　五月上旬～五月中旬
大麦　十月中旬～十一月中旬
小麦　十月中旬～十一月下旬
裸麦　十月中旬～十一月中旬
小豆　八月上旬～八月下旬
そば　〔八月上旬～八月下旬、四月中旬～四月下旬〕
里芋　四月中旬～四月下旬
なす　四月中旬～五月中旬
トマト　四月下旬～五月中旬
きゅうり　四月下旬～五月中旬
かぼちゃ　四月下旬～五月中旬

きび　五月下旬～六月上旬
とうもろこし　四月上旬～六月下旬
いんげん　四月中旬～五月上旬

大豆　五月上旬～六月中旬
小豆　六月上旬～六月中旬
にんじん　六月中旬～七月中旬
白菜　八月上旬～八月下旬
大根　八月下旬～九月上旬
そらまめ　九月中旬～十月中旬
さつまいも　五月中旬～六月中旬
じゃがいも　三月中旬～三月下旬
ごぼう　三月中旬～三月下旬
ねぎ　九月中旬～九月下旬
かぶ　二月下旬～五月下旬
ほうれんそう　八月下旬～九月中旬

粟　五月中旬～六月上旬
〔九月中旬～十月中旬〕
〔四月下旬～五月上旬〕
〔九月下旬～十月上旬〕
〔三月中旬～三月下旬〕
〔八月下旬～九月下旬〕
〔八月下旬～九月下旬〕
〔十月上旬～十月下旬〕

丙寅、丁卯、庚辰、辛巳、戊子、戊午、己丑、己未、甲午、乙巳、乙未の日は、種まきを忌むべき日とされています。

まいた種が火の勢いや土の力で押しつぶされたり、根を切られたりすることがあるので、忌日とされています。

土公神の吉凶

土公神は土を守る神で、季節によって移動します。その居場所を掘り起こすと祟《たた》りがあるといわれています。その性質は荒々しく、荒神ともいわれます。

春（二月～四月）＝かまど　夏（五月～七月）＝門
秋（八月～十月）＝井戸　冬（十一月～翌一月）＝庭

井戸掘り、井戸さらいの吉凶

全国的に水道施設が発達して、井戸は徐々に減少しています。しかし、井戸にはいろいろな利用法があり、捨てがたいものです。水と火は、日常生活の中でも最も必要性が高く、また家相の観点からも庭内の吉方位に設置しなければなりません。最近ではマンションの受水槽などの位置などにも注意を施したいものです。

■**井戸を掘る位置**（土地、家屋の中心から見て）
甲《きのえ》、乙《きのと》、丙《ひのえ》、丁《ひのと》、庚《かのえ》、辛《かのと》、壬《みずのえ》、癸《みずのと》、巳《み》、亥《い》の方位

■**井戸掘りの吉日**
甲子《きのえね》、乙亥《きのとい》、庚子《かのえね》、辛亥《かのとい》、壬子《みずのえね》、壬申《みずのえさる》、癸酉《みずのととり》、癸亥《みずのとい》の日

■**井戸さらいの吉日**
春…甲子《きのえね》、壬子《みずのえね》、癸亥《みずのとい》の日
秋…庚子《かのえね》、辛亥《かのとい》、壬寅《みずのえとら》、甲寅《きのえとら》の日

なお、夏土用中は井戸さらいは凶とされています。マンションの受水槽の清掃などもこれにならいます。

鍼灸の吉日

左記の日は鍼《はり》、灸《きゅう》によい日となっていますが、暦の中段、二十八宿の凶日と重なる時は差し控えます。

甲辰《きのえたつ》の日　甲申《きのえさる》の日　甲戌《きのえいぬ》の日　乙巳《きのとみ》の日
丙子《ひのえね》の日（ただし夏は凶）　丙辰《ひのえたつ》の日
丙申《ひのえさる》の日　丙戌《ひのえいぬ》の日　丁丑《ひのとうし》の日　丁卯《ひのとう》の日
丁亥《ひのとい》の日（ただし夏は凶）　戊申《つちのえさる》の日（ただし男は凶）
己亥《つちのとい》の日（ただし女は凶）　庚子《かのえね》の日（ただし秋は凶）
庚午《かのえうま》の日　辛丑《かのとうし》の日　辛卯《かのとう》の日　壬辰《みずのえたつ》の日
壬午《みずのえうま》の日　壬戌《みずのえいぬ》の日　癸丑《みずのとうし》の日

本年の年忌一覧

一周忌　令和六年死亡
三回忌　令和五年死亡
七回忌　平成三十一年／令和元年死亡
十三回忌　平成二十五年死亡
十七回忌　平成二十一年死亡
二十三回忌　平成十五年死亡
二十七回忌　平成十一年死亡
三十三回忌　平成五年死亡
三十七回忌　昭和六十四年／平成元年死亡
五十回忌　昭和五十一年死亡
百回忌　大正十五年／昭和元年死亡

吉日を選ぶ方法

暦によって吉日を選ぶにはどうすればよいでしょうか。大安や仏滅、二十八宿や各種の暦注を見ていくと、一年三百六十五日のうち、すべてがそろってよい日はほとんどないということになってしまいます。

一般的には、本命星（生まれ年の九星）、月命星と干支に重点を置いて、二十八宿、中段という順でよい日を見ます。30ページからの「行事・祭事」欄の上から四段目に九星が載っていますので、自分の本命星と相性のよい日を選びます。同様に、三段目に干支が載っていますので、自分の生まれ年の干支と相性のよい日を探します。

本命星、干支と相性がよい日であれば、ほかが多少気に入らない日であっても吉日として差し支えありません。ただし、三りんぼうや不成就日などにあたる日は避けたほうがよいでしょう。

◆九星による吉日

一白生まれ…六白、七赤、三碧、四緑、一白の日
二黒生まれ…九紫、六白、七赤、八白、五黄の日
三碧生まれ…一白、九紫、四緑の日
四緑生まれ…一白、九紫、三碧の日
五黄生まれ…九紫、六白、七赤、二黒、八白の日
六白生まれ…二黒、五黄、八白、一白、七赤の日
七赤生まれ…二黒、五黄、八白、一白、六白の日
八白生まれ…九紫、六白、七赤、二黒、五黄の日
九紫生まれ…三碧、四緑、二黒、五黄、八白、九紫の日

◆十干による吉日

甲（きのえ）・**乙**（きのと）生まれの人は丙・丁・壬・癸の日。
丙（ひのえ）・**丁**（ひのと）生まれの人は甲・乙・戊・己の日。
戊（つちのえ）・**己**（つちのと）生まれの人は丙・丁・庚・辛の日。
庚（かのえ）・**辛**（かのと）生まれの人は戊・己・壬・癸の日。
壬（みずのえ）・**癸**（みずのと）生まれの人は庚・辛・甲・乙の日。

◆十二支による吉日

子（ね）年生まれの人は子・寅・卯・申・酉・亥の日。
丑（うし）年生まれの人は丑・巳・午・申・酉の日。
寅（とら）年生まれの人は子・卯・巳・午・亥の日。
卯（う）年生まれの人は子・寅・卯・巳・午・亥の日。
辰（たつ）年生まれの人は丑・辰・巳・午・申・酉・戌の日。
巳（み）年生まれの人は丑・寅・卯・辰・巳・午・未・戌の日。
午（うま）年生まれの人は丑・寅・卯・辰・巳・午・未・戌の日。
未（ひつじ）年生まれの人は丑・辰・巳・午・未・酉・戌の日。
申（さる）年生まれの人は子・丑・辰・未・申・酉・戌・亥の日。
酉（とり）年生まれの人は子・丑・辰・未・申・酉・戌・亥の日。
戌（いぬ）年生まれの人は丑・辰・巳・午・未・申・酉・戌の日。
亥（い）年生まれの人は子・寅・卯・申・酉・亥の日。

干支が意味するもの

干支は六十干支とも呼ばれるように、十干と十二支との組み合わせで、六十通りになります。

十干とは「甲乙丙丁戊己庚辛壬癸」のことです。

甲（きのえ）丙（ひのえ）戊（つちのえ）庚（かのえ）壬（みずのえ）　兄（え）陽

乙（きのと）丁（ひのと）己（つちのと）辛（かのと）癸（みずのと）　弟（と）陰

干支を組み合わせる時は、必ず上に十干を置くところから、天干とも呼ばれています。一方、十二支というのは地支とも呼ばれ、もともと月を数えるための序数に使われた文字で、旧暦の十一月から十月までを意味するものであったと伝えられています。

子	丑	寅	卯	辰	巳	午	未	申	酉	戌	亥
旧十一月	十二月	一月	二月	三月	四月	五月	六月	七月	八月	九月	十月

このように十二支は、一年の生活を表したものですが、十干の干が木の幹であるのに対し、十二支の支は幹から出た枝であり、いわば十干の補強的役割を持つものと思われます。

陰陽論は、剛と柔、男と女などのように、対立的発想ですが、十干の陰陽を兄弟という対立にして、「兄《え》」「弟《と》」と記し、五行の「木火土金水」をそれぞれ訓読みにし、「きのえ」「きのと」「ひのえ」「ひのと」……としたものです。「えと」とはつまり兄弟に由来しており、陰と陽に分類した十干の総称といえます。

「十二支」にしても、さまざまな解釈がありますが、やはり農耕生活を反映する自然暦の発想をもとに、植物の芽生えから、生長、成熟、収穫へと移って、再び大地にかえる経過が、あたかも人間の生から土へというドラマに似ているところから、太古の昔から現在まで幅広く親しまれ、発育成長の過程を占い、吉凶の判断の元として、暦に使用されているものと思われます。

令和7年・運気概要時運占断

①日本全体について

本卦《ほんか》䷱火風鼎《かふうてい》の初爻変《しょこうへん》

本卦《ほんか》の象意解《しょういかい》は「鼎鼐調味《ていだいちょうみ》の象《かたち》、微服宋《びふくそう》を過《す》ぎるの意《い》」です。この卦名《かめい》の火風鼎の鼎《てい》は普通の調理器具で、鼐《だい》は大きな調理器具を指します。「微服宋を過ぎる」とは春秋時代に孔子《こうし》が宋の国を過ぎる時に悪人からの危害などの難を逃れるためにあえて粗末な身なりでいたことを表します。鼎は特に生臭いものを調理して上帝に祀《まつ》る三本足の祭器です。また一説には、神にささげる供物を煮る祭器なので国家権力の印《しるし》でもありました。三本の足は安定と共に協調精神を表しています。ですからこの卦象《かしょう》は、順調な進展を示す卦象でもあります。悪い方面では男女の三角関係が顕著になる象意があります。時代の流れで男女関係の心情も変化していくのでしょう。

爻辞《こうじ》に「鼎顛趾《かなえあしをさかしまにす》　利出否《あしきをいだすによろし》」とあります。鼎《かなえ》の趾《あし》を顛《さかしま》にす。否《あしき》を出《いだ》すに利《よろ》しと読めます。器を逆さまにしてたまった悪しきカスを一掃するのが良いのです。人の上に立っていた人の間でも、今まで隠れていた悪い所を明らかにして正すのが良いのです。続いて「得妾以其子《しょうをえてそのこをもってす》。无咎《とがなし》」とあります。妾《しょう》を得《え》て其《そ》の子《こ》を以《もっ》てす。咎《とが》无《な》しと読めます。貴賤《きせん》を問わずに人材を用いる風潮が広まっていく様子や、そのようなことは咎《とが》められることではないと読み取れます。人を生かすのに出自《しゅつじ》を忖度《そんたく》していては良い社会にならないことを言っています。

之卦《しか》は䷍火天大有《かてんたいゆう》です。象意解《しょういかい》は「窓を穿《うが》って明《めい》を開《ひら》くの象、深谷花《しんこくはな》を発《ひら》くの意」です。

このようなことから本年の日本全体を見ていきますと、日本全体にたまっていた悪い習慣や人物を排して、広く人材を認めようとする人心が芽生《めば》えてくることを表しています。権威主義の否定と共に古き良き日本の文化を見直そうとする動きがあります。

物事の善悪・良否の味わいは日本人全体の心が決めるものです。多くの人の意見を入れて議論されたことは安定感を得るものです。その上で、前記したようにこの卦象《かしょう》は順調な進展を表す卦象《かしょう》ですから、健全な考え方の人たちが底辺から協力関係を保ちながら台頭《たいとう》してくる明るい日本全体の姿が垣間《かいま》見えてきます。

②日本の経済について

本卦《ほんか》䷕山火賁《さんかひ》の三爻変《さんこうへん》

本卦《ほんか》の象意解《しょういかい》は「門内美《もんないび》を競《きそ》うの象《かたち》、明遠《めいとお》きに及《およ》ばざるの意《い》」です。この卦名《かめい》の山火賁の賁《ひ》はカザルの意です。下卦《げか》離火《りか》☲は上卦艮山《じょうかごんさん》☶の下にあり、山の下の樹木は色鮮やかに照らすが遠くまでは届かず表面だけを照らしています。

外面だけを飾って内面を見失いがちになります。外面の華《か》美《び》に気を取られ浮足立つことを諫《いさ》めている象意《しょうい》です。

また、この卦象《かしょう》の裏卦《りか》に沢水困《たくすいこん》という四大難卦《しだいなんか》が隠れていますので、表面華やかに見えるけれど内実は苦しい状況が見て取れます。

爻辞《こうじ》に「賁如《ひじょたり》。濡如《じゅじょたり》。永貞之吉《えいていにしてきちなり》」とあります。賁如《ひじょ》たり。濡如《じゅじょ》たり。永貞《えいてい》にして吉《きち》なりと読めます。賁如たりとは飾り過ぎて実質がない。濡如《じゅじょ》たりとは飾った上にさらにメッキをするようなことを言います。永貞《えいてい》にして吉《きち》なりとはメッキが剥《は》げないようにしなければいけない。実質を重んじなければいけないということを言います。

象《しょう》に曰《いわ》く「永貞之吉《えいていにしてきちなり》。終莫之凌也《ついにこれをしのぐことなきなり》」とあります。永貞《えいてい》にして吉《きち》なり。終《つい》に之《これ》を凌《しの》ぐこと莫《な》き也《なり》と読めます。実質を重んじて、人と諍《いさか》いを起こさないことを言います。上から目線でものを言わないこととも解釈されます。

之卦《しか》は䷚山雷頤《さんらいい》です。象意解《しょういかい》は「壮士《そうし》剣《けん》を執《と》るの象《かたち》、匣中物《こうちゅうもの》を秘《ひ》するの意《い》」です。

このようなことから本年の日本の経済を見ていきますと、日本全体が華やかな雰囲気に包まれます。人心は浮かれ、一見景気が回復したと楽観してしまいます。上に立って経済を統治する人は、浮かれず華美《かび》に流れないように手綱《たづな》を引き締めて国民を導いていかなければいけないでしょう。退廃的《たいはいてき》な消費美を良しとして是認《ぜにん》してはいけない。表面の景気ではなく裏面に潜《ひそ》む国民の苦しさに手を施《ほどこ》すような政策を取らなければ、真の景気浮上はないということを告げています。

③日本の社会について

本卦《ほんか》䷡雷天大壮《らいてんたいそう》の四爻変《よんこうへん》

本卦《ほんか》の象意解《しょういかい》は「猛虎《もうこ》角《つの》を生《しょう》じるの象《かたち》、錦《にしき》を衣《き》て夜行《よるい》くの意《い》」です。

易卦《えきか》は䷡で震雷《しんらい》☳が乾天《けんてん》☰の上にあります。自分の分《ぶ》を弁《わきま》えず目上や上司と衝突して争う危険性を指摘しています。しかしながら今、四爻《よんこう》を得て向かう所敵なしの象《かたち》をしていますので、それを諫《いさ》めている卦象《かしょう》です。やり過ぎてはいけないことを警告しています。動物の角《つの》や牙《きば》は、敵と戦って敵を倒す武器となるものです。しかしながら、天《てん》は二物《にぶつ》を与えずで、角のある動物には牙はありません。牙のある動物には角はないのです。ですからこの易卦はやり過ぎてはいけないことを諫《いさ》めているのです。

爻辞《こうじ》に「貞吉《ていにしてきち》。悔亡《くいほろぶ》。藩決不羸壮于大輿之輹《はんひらけてくるしまずたいよのふくにそうなり》」とあります。貞《てい》にして吉《きち》。悔《く》い亡《ほろ》ぶ。藩決《はんひら》けて羸《くる》しまず大輿之《たいよの》輹《ふく》に壮《そう》なりと読めます。これは従順にして初志を貫けば良い。悔いはなくなる。堅牢な城を簡単に破り車馬の通行が自由になった。堂々と進めばよいと解釈されます。「藩決《はんひら》けて羸《くる》しまず」というのはどんどん進んでも良いということを言っています。苦しみから脱却《だっきゃく》できることを示唆《しさ》しています。之卦《しか》は䷊地天泰《ちてんたい》です。象意解は「含弘《がんこう》、斐有《ひあ》るの象《かたち》、品物資《ひんぶつよ》って生《しょう》じるの意《い》」です。

このようなことから本年の日本の社会について見ていきますと、社会全体が活気付いて勢いを得ていることが見て取れます。コロナ禍で沈んだ空気を打ち払う如《ごと》くの勢いが見られます。

社会全体からすると、一部ではありますが勢いのままにイケイケどんどんの風潮が見られます。社会全体の空気がそうなりますと、危険分子の暴走が懸念されます。国同士の争いを引き起こしかねない勢いなのです。しかしながら、日本国民が持っている誠実さと勤勉さを生かしていけば、この活力を善用することができるのです。正しい道を開く人物が期待されます。

④日本の政治について

本卦《ほんか》䷐沢雷随《たくらいずい》の上爻変《じょうこうへん》

本卦《ほんか》の象意解《しょういかい》は「馬《うま》に乗《の》って鹿《しか》を追《お》うの象《かたち》、我動《われうご》いて彼《かれ》説《よろこ》ぶの意《い》」です。

本卦の上卦兌沢《じょうかだたく》☱は少女、下卦震雷《げかしんらい》☳は長男。上卦の少女が誘うと下卦の長男が従うという卦象《かしょう》です。沢雷随は何に従うかが重要であることを問いかけています。

爻辞《こうじ》に「拘係之《これをこうけいす》。乃従維之《すなわちしたがいてこれをつなぐ》。王用亨于西山《おうもちいてせいざんにきょうす》」とあります。之《これ》を拘係《こうけい》す。乃《すなわ》ち従《したが》いて之《これ》を維《つな》ぐ。王用《おうもち》いて西《せい》山《ざん》に亨《きょう》すと読めます。離散《りさん》しようとする人心をつなぎとめなければいけない。昔文王《ぶんおう》は西山で天に祈りを込めて人心をつなぎとめたという故事《こじ》によります。

象《しょう》に曰《いわ》く「拘係之《これをこうけいす》、上窮也《うえきゅうするなり》」とあります。之《これ》を拘係《こうけい》す。上窮《うえきゅう》する也《なり》と読めます。

現在の政治に人心が離れ政治不信に陥《おちい》っている様子が見られます。人心をつなぎとめようとするけれど一度離れた人心は見切りをつけて戻ろうとしない状況です。一国の主が定見のない少女に従うような軟弱さが感じられるので、民心はそっぽを向いています。

之卦《しか》は䷘天雷无妄《てんらいむぼう》です。象意解は「雷《らい》、暑《しょ》に逢《あ》って震《ふる》うの象《かたち》、石中玉《せきちゅうたま》を蘊《つ》むの意《い》」です。

このようなことから本年の日本の政治を見ていきますと、人心は現在の国の政治から離脱しているような状況を呈しています。政府も打つ手がなく万事休している様子が見て取れます。

拘係するというのは現在の政党からの関連者が後を継ぐことを意味します。従いて継ぐとは女性が従順に従い後継者となる可能性を示唆《しさ》しています。日本初の女性総理が誕生する可能性を示しているのも珍しいことでしょう。

⑤日本の外交について

本卦《ほんか》䷜坎為水《かんいすい》の二爻変《にこうへん》

本卦《ほんか》の象意解《しょういかい》は「二人水《ふたりみず》に溺《おぼ》れるの象《かたち》、宝《たから》を載《の》せて船《ふね》を破《やぶ》るの意《い》」です。

本卦の中卦《ちゅうか》に震雷《しんらい》☳があり、これは宝物であり、また船の形でもあります。宝物と船の上下に坎水《かんすい》☵があり、困難に陥《おちい》っている状況です。二爻《にこう》と五爻《ごこう》は共に陽爻《ようこう》で主《しゅ》の位置にあります。しかし共に坎水☵の中にあり、運気は衰えている。坎為水《かんいすい》は易《えき》の中でも四大難卦《しだいなんか》と呼ばれ、次々と難問に陥《おちい》ってしまう卦象《かしょう》です。

象《たん》に曰《いわ》く「行　有　尚。往有功也」《いけばとおとばれることあり いきてこうあるなり》とあります。行《い》けば尚《とおと》ばれること有《あ》り、往《い》きて功有《こうあ》る也《なり》と読めます。困難を排し行なえば尚ばれ功績も上がるということです。

爻辞《こうじ》に「坎有險。求　小得」《あなにけんあり もとめてすこしくう》とあります。坎《あな》に険有《けんあ》り。求《もと》めて小《すこ》しく得《う》と読めます。険《けわ》しい危険が伴う時期ではあるけれど、その中でも各国との友好を求めて歩みを進めていけば、得るところはあると読み解けます。

二爻の陽爻を得た日本は主たる同盟国に頼り切りにならず、果断に各国へ働きかけ同盟を築くべき時だと告げています。主たる同盟国も現在は国力衰え、自国のことで手いっぱいの時を迎えているのです。

之卦《しか》は䷇水地比《すいちひ》です。象意解は「衆星《しゅうせい》北に拱《むか》うの象《かたち》、和楽隔《わらくへだ》てなきの意《い》」です。

このようなことから本年の日本の外交を見ていきますと、主たる同盟国の国力が衰え、頼り切りになることはできません。さらに、中国・ロシア・北朝鮮との関係も厳しい局面を迎えています。まことに難しい情勢ではあるけれど、日本が主体性を持った外交を果断に進めるべき時です。実行すればそれなりに認められて功績は上がると告げています。

⑥日本の気象・災害について

本卦《ほんか》䷞沢山咸《たくさんかん》の三爻変《さんこうへん》

本卦《ほんか》の象意解《しょういかい》は「山沢《さんたく》気を通ずるの象《かたち》、鶯吟《うぐいすぎん》じ鳳舞《ほうま》うの意《い》」です。

易卦《えきか》は䷞で柔卦《じゅうか》の兌沢《だたく》☱が上にあり、剛卦《ごうか》の艮山《ごんさん》☶が下にあります。天然自然の理屈で、沢が山の上にあればこそ下に流れて行くのです。二爻三爻四爻《にこうさんこうよんこう》が巽風《そんふう》☴三爻四爻五爻《さんこうよんこうごこう》で乾天《けんてん》☰なので、互卦《ごか》に天風姤《てんぷうこう》䷫があります。五陽《ごよう》の中に一つの陰《いん》が入っている。天の下に風が起こり、かつてない特別な現象が起きることを示唆《しさ》しています。鳳鸞《ほうらん》遇《あ》うのは千年に一度といいます。すなわち、いまだかつてない現象が起きる可能性があるということを言っています。

爻辞《こうじ》に「咸其股。執其随往吝」《そのももにかんず そのしたがうにとるゆけばりん》とあります。其《そ》の股《もも》に咸《かん》ず。其《そ》の随《したが》うに執《と》る。往《ゆ》けば吝《りん》と読めます。人間の体でいうところの股は感じやすいが上体に引きずられやすいもので主体性のないものです。天然自然に置き換えると、他の現象により併発される災害が想定されます。山の上の沢は山の動きに引きずられて動きます。風が吹けば木々は倒れ、海難事故を道ずれにします。

象《しょう》に曰《いわ》く「亦不処也《またとどまざるところなり》。志在随人《こころざしはひとにしたがうにあり》。所執下也《とるところげなり》」とあります。また処《とど》まざる処也《ところなり》。志《こころざし》は人に随《したが》うに在り。執る所下也《なり》と読めます。

之卦《しか》は䷬沢地萃《たくちすい》です。象意解は「鯉《こい》、龍門《りゅうもん》に登るの象《かたち》、妓歌衆《ぎかしゅう》に従うの意」です。

このようなことから本年の日本の気象・災害を見ていきますと、災難は山際では土砂崩れが起き、交通インフラの遮断《しゃだん》があり、木々でできた家屋の損壊が多く見られます。沢の水と共に土砂が海岸を襲う恐れがあります。風による海難事故もあります。処置が後手に回り、人災であるとも取れます。

⑦世界の動きについて

本卦《ほんか》䷇水地比《すいちひ》の初《しょ》爻変

本卦《ほんか》の象意解《しょういかい》は「衆星《しゅうせい》、北《きた》に拱《むか》うの象《かたち》、和楽《わらく》、隔《へだ》て无《な》きの意《い》」です。

本卦《ほんか》の上爻《じょうこう》にある一陽《いちよう》は王位にあって、他位にある五つの陰爻《いんこう》に応じています。易卦《えきか》は、他人の援助によって発達し、願望を達する意を有しています。土の上の水は滞《とどこお》りがちになります。従ってこの易卦《えきか》は、恩順《おんじゅん》であるが勇往邁進《ゆうおうまいしん》の気に欠け、成就することが遅いという欠点もあると言っています。

爻辞《こうじ》に「有孚比之《まことありてこれにひす》。无咎《とがなし》。有孚盈缶終来有他吉《まことありてかんにみつればついにきたりてたのきちあり》」とあります。孚有《まことあり》て之《これ》に比《ひ》す。咎无《とがな》し。孚有《まことあり》て缶《かん》に盈《み》つれば終《つい》に来《きた》りて他《た》の吉《きち》ありと読めます。

ここにある易卦の比《ひ》とは親《した》しむことです。他者の親切によって発展・発達を遂げることの意味を有しています。また自国に不敬《ふけい》の振る舞いがあっても動じず誠実を尽くせば相手もそれに応えようとするものです。世界の思惑《おもわく》に惑《まど》わされず自国の志を変えなければ世界各国が誠実の心に満ち溢《あふ》れてくるものです。天地の大道《だいどう》に則《のっと》り至誠《しせい》が各国からあふれ出てくるようになるのです。

之卦《しか》は䷂水雷屯《すいらいちゅん》です。象意解は「龍《りゅう》、水中《すいちゅう》に動《うご》くの象《かたち》、草昧寧《そうまいやす》からざるの意」です。

このようなことから本年の世界の動きを見ていきますと、衆星《しゅうせい》が一点を指すように各国が足並みを揃えるというところにまではいかず、様子を窺《うかが》っていると言えます。各国が人類の平和の方向に向かって動けば良いのですが、他の吉ありとばかりに目先の利得に動いてしまうという状況です。

卦象《かしょう》から判断するに、勇往邁進《ゆうおうまいしん》の気に欠けるので早急にはいかないけれど、のんびりした空気感を思わせる一年となりそうです。

⑧米国の情勢について

本卦《ほんか》䷘天雷无妄《てんらいむぼう》の四爻変《よんこうへん》

本卦《ほんか》の象意解《しょういかい》は「雷《らい》、暑《しょ》に逢《あ》って震《ふる》うの象《かたち》、石中玉《せきちゅうたま》を蘊《つ》むの意《い》」です。

本卦《ほんか》の上卦乾天《じょうかけんてん》☰は純陽《じゅんよう》で季節は四月です。天道《てんどう》に沿った行ない、すなわち自然の成り行きに沿った行ないが良いとされます。身分相応な行ないをすれば、事は案外願った通りに進むことを春夏秋冬の往来を通じて告げています。

そして下卦震雷《げかしんらい》☳の長男は上卦《じょうか》乾天☰の父に従う卦《か》でありますので、長男が勝手に妄《みだ》りに動いてはいけない時を示しています。四爻《よんこう》を得たので陽爻《ようこう》であるが本来の位置は陰爻《いんこう》が座する所であるから、才に先走ってはいけないと諫《いさ》めている状況です。内に気力が前進しない象意《しょうい》が潜《ひそ》んでいます。妄りに動くと禍《わざわい》が起きることを示唆《しさ》しています。

爻辞《こうじ》に「可貞《ていすべし》。无咎《とがなし》」とあります。貞可《ていすべ》し。咎无《とがな》しと読めます。正道《せいどう》を守れば咎《とが》めはないと言っています。

象《しょう》に曰《いわ》く「可貞《ていすべし》。无咎《とがなし》。固有之也《かたくこれをゆうするなり》」とあります。貞《てい》可《すべ》し。咎无《とがな》し。固《かた》く之《これ》を有《ゆう》する也《なり》と読めます。正道《せいどう》を固く守り抜くならば咎めはないと言っています。

之卦《しか》は䷩風雷益《ふうらいえき》です。象意解は「風《かぜ》蘆花《ろか》を払《はら》うの象《かたち》、耒耜《らいし》、邦《くに》を利《り》するの意《い》」です。

このようなことから米国の情勢を見ていきますと、行き悩む米国の姿が浮かび上がってきます。気持ちが逸《はや》っても実行が伴わない一国一城の主の煩悶《はんもん》と、行動を起こせという世上の風圧とが衝突し、四月に何か大きな出来事が起きるかもしれない様子が見えます。世界の趨勢《すうせい》を踏《ふ》まえた「世界の警察」の復活は難しいと卦象《かしょう》は訴えています。

⑨欧州の情勢について

本卦《ほんか》䷏雷地予《らいちよ》の五爻変《ごこうへん》

本卦《ほんか》の象意解《しょういかい》は「雷《らい》、地《ち》を出《いで》て震《ふる》うの象《かたち》、行止時《こうしとき》に順《したが》うの意《い》」です。

本卦《ほんか》の予《よ》は楽しむ・おこたる・あらかじめの三つの意が含まれています。坤地《こんち》☷の中にあった震雷《しんらい》☳が外に出てきたので草木生き物すべてが楽しむ象《かたち》となっているのです。「楽しむ」と後に「怠《おこた》り」の気持ちが起きるので「予《あらかじ》め」心の準備をして危難《きなん》に備えるようになります。

爻辞《こうじ》に「貞疾恒不死《ていしつつねにしせず》」とあります。貞疾《ていしつ》恒《つね》に死《し》せずと読めます。実力のない国が各国の主義主張を唱え、まとまりのない状況を呈していると言えます。

象《しょう》に曰《いわ》く「貞疾乗剛也《ていしつごうにのればなり》。恒不死《つねにしせず》。中未亡也《なかいまだにほろびざればなり》」貞疾《ていしつ》剛《ごう》に乗《の》れば也《なり》。恒《つね》に死《し》せず。中未《なかいま》だに亡《ほろ》びざれば也《なり》と読めます。

実力のないものが主導権を取っていてもじっと我慢して見守っている国があります。けれど常道《じょうどう》を守るならばどうにか秩序を守り通すことができるのです。
之卦《しか》は䷬沢地萃《たくちすい》です。象意解は「鯉《こい》、龍門《りゅうもん》に登《のぼ》るの象《かたち》、妓歌衆《ぎかしゅう》に従うの意《い》」です。

このようなことから本年の欧州の情勢を見ていきますと、欧州各国の意思疎通《いしそつう》がうまくいかず、歴史上で実績を積み上げてきた歴史ある国が悶々《もんもん》としている様子が見られます。実権は新興国に握られそうになっていますが、手をこまねいているわけでも完全に死んでしまったわけでもないのです。欧州連合を楽しむ時代が続いた後の怠りが招いた結果なのです。国家間の人種の移動が複雑に絡《から》み合い、新たな国家観ができた状態です。そんな時にこそ世界の新たな秩序が必要になってきたことを表しています。

⑩諸国の情勢について

本卦《ほんか》䷟雷風恒《らいふうこう》の二爻変《にこうへん》

本卦《ほんか》の象意解《しょういかい》は「並行相背《へいこうあいそむ》くの象《かたち》、咎《とが》めもなく誉《ほまれ》もなきの意《い》」です。

本卦《ほんか》の上卦震雷《じょうかしんらい》☳が動くと下卦《げか》の巽風《そんふう》☴も順《したが》って動くことを表しています。本卦の恒《こう》は恒久不変《こうきゅうふへん》で変わらないことを言いますが「常」とは異なります。春夏秋冬は変化していきますが、その巡《めぐ》りは恒なのです。自己の立場を弁《わきま》え変化しながら世界の恒久を求めるのが雷風恒の卦象《かしょう》です。

爻辞《こうじ》に「悔亡《くいほろぶ》。能久中也《よくちゅうにひさしければなり》」とあります。悔《く》い亡《ほろ》ぶ。能《よ》く中《ちゅう》に久《ひさ》しければ也《なり》と読めます。国家変動があっても良く、自国の繁栄を長く中道を守って進んでいけば、今までの忍耐努力が報《むく》われることを言い表しています。少し物事が安定してくると邪《よこしま》な考えが浮かんでくることを戒《いまし》めているのがこの易卦《えきか》の特徴です。成熟した夫婦間にも他人に心を奪われる危機が訪れることがあります。国家においても久しく中庸《ちゅうよう》の道を突き進んでいけば悔《く》いは残らないのです。
之卦《しか》は䷽雷山小過《らいさんしょうか》です。象意解は「飛鳥山《ひちょうやま》を過《す》ぎるの象《かたち》、門前兵《もんぜんへい》あるの意《い》」です。

このようなことから本年の諸国の情勢を見ていきますと、諸国の状況は一件平安であるように見られます。しかしそんな中でも邪心《じゃしん》を抱《いだ》き自国の利のみを得ようとする国が見られます。その国は平穏《へいおん》を保っているかの如くに見られます。今まで友好を保っていたと思われる国同士でも内面では相容れないものを有しているようです。物質に関係することであるなら歩み寄りはしやすくても、民族や考え方の違いはなかなか難しいものでしょう。半面で、表面上は穏やかにすることを咎めたりすることもないと告げています。

高島易断吉運本暦

行事・祭事

2025
令和7年

一月（大）

睦《む》月《つき》

婁《ろう》宿《しゅく》

（一月五日小寒の節より月命丁丑
三碧木星の月となる。暗剣殺は東の方位）

旧 十二月小
正月大

日	曜	十干・十二支	九星	行事		旧暦	六輝	中段	二十八宿	東京 日出入	東京 満潮	東京 干潮	大阪 日出入	大阪 満潮	大阪 干潮
一日	水	かのえ うま	七赤	⊡元日、年賀、初詣 鷲宮催馬楽神楽	旧十二月小 大つち（〜七日）	2	先勝	やぶる	参	06:50 16:39	06:37 17:05	11:54 –	07:05 16:59	08:35 19:04	01:47 13:39
二日	木	かのと ひつじ	八白	初荷、初夢、書初め 皇居一般参賀		3	友引	あやぶ	井	06:50 16:40	07:10 17:45	00:13 12:32	07:05 16:59	09:08 19:56	02:24 14:22
三日	金	みずのえ さる	九紫	出雲大社吉兆さん、福岡筥崎宮玉せせり 浜松寺野三日堂祭礼ひよんどり		4	先負	なる	鬼	06:50 16:40	07:45 18:27	00:52 13:11	07:05 17:00	09:45 20:47	03:02 15:09
四日	土	みずのと とり	一白			5	仏滅	おさん	柳	06:51 16:41	08:19 19:13	01:29 13:53	07:05 17:01	10:25 21:39	03:41 16:02
五日	日	きのえ いぬ	二黒	小寒（11:33） 初水天宮	不成就日	6	大安	おさん	星	06:51 16:42	08:53 20:10	02:06 14:41	07:06 17:02	11:08 22:39	04:22 17:08
六日	月	きのと い	三碧	官庁御用始め、東京消防庁出初式 キリスト教公現祭	初亥	7	赤口	ひらく	張	06:51 16:43	09:27 21:21	02:43 15:39	07:06 17:03	11:51 23:54	05:04 18:43
七日	火	ひのえ ね	四緑	◐上弦、七草 福岡太宰府天満宮うそ替え—鬼すべ	一粒万倍日 初子	8	先勝	とづ	翼	06:51 16:44	10:01 22:51	03:24 16:55	07:06 17:04	12:34 –	05:49 20:18
八日	水	ひのと うし	五黄	初薬師 東京鳥越神社とんど焼き		9	友引	たつ	軫	06:51 16:45	10:40 –	04:15 18:20	07:06 17:04	01:44 13:17	06:44 21:18
九日	木	つちのえ とら	六白	京都西本願寺御正忌報恩講（〜十六日） 前橋初市まつり	小つち（〜十五日） 初寅	10	先負	のぞく	角	06:51 16:46	00:59 11:29	05:41 19:32	07:06 17:05	06:17 14:01	08:09 22:12
十日	金	つちのと う	七赤	一一〇番の日 十日えびす、初金毘羅	一粒万倍日 初卯	11	仏滅	みつ	亢	06:51 16:46	03:18 12:37	07:28 20:32	07:05 17:06	07:06 14:54	09:47 23:02
十一日	土	かのえ たつ	八白	鏡開き、蔵開き 愛知熱田神宮踏歌神事	初辰	12	大安	たいら	氐	06:50 16:47	04:18 13:59	08:51 21:25	07:05 17:07	07:36 15:57	11:02 23:47
十二日	日	かのと み	九紫		初巳	13	赤口	さだん	房	06:50 16:48	04:58 15:05	09:54 22:15	07:05 17:08	07:36 17:00	11:46 –
十三日	月	みずのえ うま	一白	⊡成人の日 長野新野の雪祭り（〜十五日）	三りんぼう 不成就日	14	先勝	とる	心	06:50 16:49	05:32 15:56	10:43 23:00	07:05 17:09	07:24 17:55	00:28 12:24
十四日	火	みずのと ひつじ	二黒	○満月、仙台どんと祭 大阪四天王寺どやどや		15	友引	やぶる	尾	06:50 16:50	06:02 16:39	11:23 23:41	07:05 17:10	07:47 18:44	01:07 13:00

行事・祭事の日程は変更される場合があります。お出かけの前には、必ず最新の情報をご確認ください。

十五日	水	きのえ　さる	三碧	東京世田谷ボロ市（〜十六日） 小正月、富山利賀の初午	十方暮れ（〜二十四日）	16	先負	あやぶ	箕	06:50 16:51	06:30 17:17	11:59 −	07:05 17:11	08:17 19:27	01:45 13:37
十六日	木	きのと　とり	四緑	えんま詣り 藪入り		17	仏滅	なる	斗	06:49 16:52	06:56 17:52	00:18 12:31	07:04 17:12	08:50 20:07	02:21 14:15
十七日	金	ひのえ　いぬ	五黄	冬土用（06:16）、秋田三吉梵天祭 防災とボランティアの日		18	大安	おさん	牛	06:49 16:53	07:21 18:27	00:51 13:03	07:04 17:13	09:24 20:46	02:55 14:54
十八日	土	ひのと　い	六白	初観音		19	赤口	ひらく	女	06:49 16:54	07:44 19:03	01:21 13:34	07:04 17:14	09:57 21:24	03:27 15:36
十九日	日	つちのえ　ね	七赤	福井敦賀西町の綱引き	一粒万倍日	20	先勝	とづ	虚	06:48 16:55	08:08 19:43	01:48 14:08	07:03 17:15	10:27 22:04	03:54 16:26
二十日	月	つちのと　うし	八白	大寒（05:00）、二十日正月 岩手毛越寺延年の舞、福岡大江の幸若舞		21	友引	たつ	危	06:48 16:56	08:33 20:32	02:13 14:46	07:03 17:16	10:54 22:54	04:16 17:49
二十一日	火	かのえ　とら	九紫	初大師	不成就日	22	先負	のぞく	室	06:47 16:57	08:59 21:36	02:39 15:37	07:03 17:17	11:13 −	04:29 20:19
二十二日	水	かのと　う	一白	◑下弦	一粒万倍日	23	仏滅	みつ	壁	06:47 16:58	09:30 23:13	03:05 16:58	07:02 17:18	11:27 −	21:16 −
二十三日	木	みずのえ　たつ	二黒		臘日	24	大安	たいら	奎	06:46 16:59	10:07 −	03:41 18:34	07:02 17:19	11:37 −	22:08 −
二十四日	金	みずのと　み	三碧	初地蔵、東京巣鴨とげぬき地蔵尊大祭 東京亀戸天神うそ替え（〜二十五日）	天一天上（〜二月八日）	25	赤口	さだん	婁	06:46 17:00	03:12 10:57	05:49 19:43	07:01 17:20	09:57 −	22:53 −
二十五日	土	きのえ　うま	四緑	初天神、奈良若草山焼き	三りんぼう	26	先勝	とる	胃	06:45 17:01	03:57 12:17	07:43 20:37	07:01 17:21	06:55 −	23:31 −
二十六日	日	きのと　ひつじ	五黄	文化財防火デー		27	友引	やぶる	昴	06:45 17:02	04:26 13:51	08:55 21:24	07:00 17:22	07:03 13:54	11:54 −
二十七日	月	ひのえ　さる	六白	小田原最乗寺道了尊大祭（〜二十八日）		28	先負	あやぶ	畢	06:44 17:03	04:53 14:55	09:48 22:07	07:00 17:23	07:16 16:04	00:03 11:58
二十八日	火	ひのと　とり	七赤	初不動		29	仏滅	なる	觜	06:44 17:04	05:20 15:43	10:30 22:48	06:59 17:24	07:28 17:35	00:31 12:22
二十九日	水	つちのえ　いぬ	八白	●新月 旧元日	旧正月大	朔	先勝	おさん	参	06:43 17:05	05:48 16:26	11:09 23:28	06:58 17:25	07:43 18:28	01:00 12:53
三十日	木	つちのと　い	九紫			2	友引	ひらく	井	06:42 17:07	06:16 17:06	11:45 −	06:58 17:26	08:07 19:15	01:31 13:29
三十一日	金	かのえ　ね	一白		一粒万倍日 不成就日	3	先負	とづ	鬼	06:41 17:08	06:43 17:48	00:05 12:21	06:57 17:27	08:35 20:00	02:04 14:08

2025
令和7年

二月（平）

如月《きさらぎ》

胃宿《いしゅく》

（二月三日立春の節より月命戊寅
二黒土星の月となる。暗剣殺は西南の方位）

日	曜	十干・十二支	九星	行事	旧暦	六輝	中段	二十八宿	東京 日出入	東京 満潮	東京 干潮	大阪 日出入	大阪 満潮	大阪 干潮
一日	土	かのと うし	二黒	山形黒川王祇祭（～二日） 三重尾鷲ヤーヤ祭り（～五日） 旧正月大	4	仏滅	たつ	柳	06:41 17:09	07:10 18:31	00:40 12:57	06:56 17:28	09:07 20:46	02:38 14:51
二日	日	みずのえ とら	三碧	節分、豆まき 奈良春日大社節分万燈籠	5	大安	のぞく	星	06:40 17:10	07:36 19:17	01:13 13:35	06:55 17:29	09:41 21:34	03:14 15:39
三日	月	みずのと う	四緑	立春（23：10） 福島都々古別神社の御田植祭	6	赤口	のぞく	張	06:39 17:11	08:01 20:08	01:44 14:15	06:55 17:30	10:16 22:28	03:51 16:35
四日	火	きのえ たつ	五黄	松山椿まつり（～六日）	7	先勝	みつ	翼	06:38 17:12	08:26 21:09	02:13 15:02	06:54 17:31	10:49 23:38	04:25 17:46
五日	水	きのと み	六白	◐上弦	8	友引	たいら	軫	06:37 17:13	08:51 22:31	02:39 16:05	06:53 17:32	11:17 –	04:53 19:14
六日	木	ひのえ うま	七赤	宮城米川水かぶり、京都伏見稲荷初午大祭 初午、和歌山新宮神倉神社お燈祭り 一粒万倍日	9	先負	さだん	角	06:37 17:14	09:19 –	02:59 17:35	06:52 17:33	10:58 –	20:44 –
七日	金	ひのと ひつじ	八白	北方領土の日	10	仏滅	とる	亢	06:36 17:15	09:58 –	19:10 –	06:51 17:34	08:57 –	22:03 –
八日	土	つちのえ さる	九紫	針供養、こと始め 不成就日	11	大安	やぶる	氐	06:35 17:16	04:18 11:37	07:36 20:25	06:51 17:35	07:31 –	22:59 –
九日	日	つちのと とり	一白	石川奥能登あえのこと（送り）	12	赤口	あやぶ	房	06:34 17:17	04:34 14:14	09:24 21:25	06:50 17:36	07:48 16:04	14:37 23:40
十日	月	かのえ いぬ	二黒	福島信夫三山暁まいり（～十一日） 加賀菅生石部竹割祭り、愛知国府宮はだか祭	13	先勝	なる	心	06:33 17:18	04:55 15:19	10:11 22:13	06:49 17:37	07:48 17:09	11:50 –
十一日	火	かのと い	三碧	●建国記念の日、秋田六郷のカマクラ（～十五日） 奈良橿原神宮紀元祭 三りんぼう	14	友引	おさん	尾	06:32 17:19	05:16 16:04	10:45 22:54	06:48 17:38	06:59 17:57	00:16 12:14
十二日	水	みずのえ ね	四緑	○満月 八専（～二十三日）	15	先負	ひらく	箕	06:31 17:20	05:38 16:41	11:15 23:29	06:47 17:39	07:18 18:39	00:49 12:45
十三日	木	みずのと うし	五黄	東京板橋の田遊び 一粒万倍日	16	仏滅	とづ	斗	06:30 17:21	05:58 17:15	11:44 –	06:46 17:40	07:45 19:18	01:22 13:19
十四日	金	きのえ とら	六白	奈良長谷寺だだおし バレンタインデー	17	大安	たつ	牛	06:29 17:22	06:18 17:47	00:00 12:11	06:45 17:41	08:13 19:55	01:53 13:54

旧 正月大 二月小

十五日	土	きのと　う	七赤	福井水海の田楽・能舞、京都涌出宮居籠祭（〜十六日） 秋田横手のかまくら（〜十六日）、岡山西大寺会陽はだか祭り		18	赤口	のぞく	女	06:28 17:23	06:37 18:20	00:28 12:38	06:44 17:42	08:41 20:30	02:22 14:29
十六日	日	ひのえ　たつ	八白	秋田横手の梵天（〜十七日）	不成就日	19	先勝	みつ	虚	06:27 17:24	06:56 18:54	00:53 13:05	06:43 17:42	09:08 21:07	02:49 15:06
十七日	月	ひのと　み	九紫	伊勢神宮祈年祭（〜二十三日） 八戸えんぶり（〜二十日）		20	友引	たいら	危	06:25 17:25	07:16 19:30	01:16 13:33	06:42 17:43	09:30 21:45	03:12 15:46
十八日	火	つちのえ　うま	一白	雨水（19:07） 二の午	一粒万倍日	21	先負	さだん	室	06:24 17:26	07:37 20:11	01:38 14:02	06:40 17:44	09:49 22:31	03:33 16:33
十九日	水	つちのと　ひつじ	二黒	千葉茂名の里芋祭（〜二十一日）		22	仏滅	とる	壁	06:23 17:27	07:59 21:01	01:59 14:37	06:39 17:45	10:05 23:37	03:50 17:32
二十日	木	かのえ　さる	三碧		庚申	23	大安	やぶる	奎	06:22 17:28	08:23 22:14	02:16 15:26	06:38 17:46	10:14 −	01:37 18:46
二十一日	金	かのと　とり	四緑	◑下弦		24	赤口	あやぶ	婁	06:21 17:29	08:51 −	02:23 16:58	06:37 17:47	09:04 −	20:52 −
二十二日	土	みずのえ　いぬ	五黄			25	先勝	なる	胃	06:20 17:30	09:30 −	18:53 −	06:36 17:48	08:32 −	22:15 −
二十三日	日	みずのと　い	六白	⊙天皇誕生日 京都醍醐寺五大力尊仁王会	三りんぼう	26	友引	おさん	昴	06:18 17:31	04:01 11:00	07:35 20:11	06:35 17:49	06:30 −	23:03 −
二十四日	月	きのえ　ね	七赤	振替休日 上州白久保のお茶講	不成就日 甲子	27	先負	ひらく	畢	06:17 17:32	04:12 13:41	09:01 21:07	06:34 17:50	06:40 −	23:37 −
二十五日	火	きのと　うし	八白	京都北野天満宮梅花祭	一粒万倍日	28	仏滅	とづ	觜	06:16 17:33	04:32 14:52	09:45 21:53	06:32 17:51	06:48 16:47	11:50 −
二十六日	水	ひのえ　とら	九紫			29	大安	たつ	参	06:15 17:33	04:54 15:40	10:21 22:34	06:31 17:52	06:52 17:40	00:05 12:07
二十七日	木	ひのと　う	一白			30	赤口	のぞく	井	06:13 17:34	05:17 16:23	10:55 23:12	06:30 17:53	07:06 18:24	00:33 12:36
二十八日	金	つちのえ　たつ	二黒	●新月	旧二月小	朔	友引	みつ	鬼	06:12 17:35	05:41 17:05	11:28 23:47	06:29 17:53	07:29 19:07	01:04 13:10

日出入、満潮、干潮について

●毎日の日出入、満潮、干潮の時刻は東京（晴海）、大阪における値です。

●資料提供　一般財団法人日本水路協会　情報事業部　電話〇三（五七〇八）七〇七一

2025
令和7年

三月（大）

弥生《やよい》

昴宿《ぼうしゅく》

（三月五日啓蟄の節より月命己卯 一白水星の月となる。暗剣殺は北の方位）

旧 二月小 三月大

日	曜	十干・十二支	九星	行事	旧暦	六輝	中段	二十八宿	東京 日出入	東京 満潮	東京 干潮	大阪 日出入	大阪 満潮	大阪 干潮
一日	土	つちのと み	三碧	春季全国火災予防運動（〜七日） 越後浦佐毘沙門堂裸押合大祭 旧二月小 不成就日、己巳	2	先負	たいら	柳	06:11 17:36	06:05 17:47	12:02 −	06:27 17:54	07:57 19:51	01:37 13:48
二日	日	かのえ うま	四緑	江戸流しびな 若狭小浜お水送り 一粒万倍日 大つち（〜八日）	3	仏滅	さだん	星	06:10 17:37	06:28 18:31	00:21 12:37	06:26 17:55	08:27 20:36	02:11 14:30
三日	月	かのと ひつじ	五黄	耳の日、ひな祭り 鹿児島霧島神宮御田植祭	4	大安	とる	張	06:08 17:38	06:50 19:17	00:52 13:12	06:25 17:56	08:58 21:24	02:46 15:15
四日	火	みずのえ さる	六白		5	赤口	やぶる	翼	06:07 17:39	07:12 20:07	01:20 13:50	06:24 17:57	09:28 22:19	03:20 16:08
五日	水	みずのと とり	七赤	啓蟄（17：07） 一粒万倍日	6	先勝	やぶる	軫	06:06 17:40	07:32 21:05	01:46 14:34	06:22 17:58	09:53 23:36	03:50 17:13
六日	木	きのえ いぬ	八白		7	友引	あやぶ	角	06:04 17:41	07:53 22:34	02:05 15:31	06:21 17:59	09:52 −	03:55 18:33
七日	金	きのと い	九紫	◐上弦 消防記念日	8	先負	なる	亢	06:03 17:42	08:12 −	02:04 17:01	06:20 17:59	07:53 −	20:09 −
八日	土	ひのえ ね	一白	国際女性デー	9	仏滅	おさん	氐	06:01 17:42	08:24 −	18:55 −	06:18 18:00	07:07 −	21:41 −
九日	日	ひのと うし	二黒	茨城鹿島神宮祭頭祭 不成就日	10	大安	ひらく	房	06:00 17:43	04:03 12:40	09:46 20:19	06:17 18:01	07:07 −	22:40 −
十日	月	つちのえ とら	三碧	宮城鹽竈神社帆手まつり 一粒万倍日、三りんぼう 天赦、小つち（〜十六日）	11	赤口	とづ	心	05:59 17:44	04:10 14:34	09:41 21:16	06:16 18:02	07:22 16:18	14:01 23:19
十一日	火	つちのと う	四緑	東日本大震災の日	12	先勝	たつ	尾	05:57 17:45	04:25 15:23	10:04 21:59	06:14 18:03	06:26 17:06	11:39 23:52
十二日	水	かのえ たつ	五黄	奈良東大寺二月堂修二会（お水取り）	13	友引	のぞく	箕	05:56 17:46	04:42 16:02	10:29 22:35	06:13 18:04	06:20 17:47	11:57 −
十三日	木	かのと み	六白	京都嵐山虚空蔵法輪寺十三まいり（〜五月十三日）	14	先負	みつ	斗	05:55 17:47	04:59 16:36	10:55 23:06	06:12 18:04	06:41 18:25	00:22 12:26
十四日	金	みずのえ うま	七赤	○満月 ホワイトデー	15	仏滅	たいら	牛	05:53 17:48	05:17 17:08	11:21 23:34	06:10 18:05	07:06 19:02	00:52 12:58

十五日	土	みずのと ひつじ	八白	京都嵯峨釈迦堂お松明式、長野善光寺春の御会式 近江八幡左義長まつり(～十六日)	16	大安	さだん	女	05:52 17:49	05:35 17:40	11:46 –	06:09 18:06	07:32 19:37	01:20 13:30
十六日	日	きのえ さる	九紫	西宮廣田神社御例祭 十方暮れ(～二十五日)	17	赤口	とる	虚	05:50 17:49	05:52 18:13	00:01 12:11	06:07 18:07	07:56 20:13	01:47 14:03
十七日	月	きのと とり	一白	彼岸入り 一粒万倍日 不成就日	18	先勝	やぶる	危	05:49 17:50	06:10 18:46	00:26 12:36	06:06 18:08	08:18 20:49	02:12 14:37
十八日	火	ひのえ いぬ	二黒	石川氣多大社おいで祭り(～二十三日)	19	友引	あやぶ	室	05:47 17:51	06:29 19:21	00:49 13:01	06:05 18:08	08:37 21:29	02:35 15:13
十九日	水	ひのと い	三碧		20	先負	なる	壁	05:46 17:52	06:49 19:59	01:12 13:28	06:03 18:09	08:54 22:17	02:59 15:53
二十日	木	つちのえ ね	四緑	⊙春分の日(18:01)、会津彼岸獅子 社日、東京上野動物園開園記念日	21	仏滅	おさん	奎	05:45 17:53	07:10 20:45	01:33 13:59	06:02 18:10	09:08 23:26	03:24 16:41
二十一日	金	つちのと うし	五黄		22	大安	ひらく	婁	05:43 17:54	07:32 21:53	01:53 14:39	06:01 18:11	08:57 –	03:42 17:38
二十二日	土	かのえ とら	六白	◑下弦、放送記念日 奈良法隆寺お会式(～二十四日) 一粒万倍日 三りんぼう	23	赤口	とづ	胃	05:42 17:54	07:56 –	02:07 15:48	05:59 18:12	07:46 –	18:48 –
二十三日	日	かのと う	七赤	彼岸明け、世界気象デー 福岡阿蘇神社泥打祭り	24	先勝	たつ	昴	05:40 17:55	08:27 –	17:55 –	05:58 18:12	05:37 –	21:10 –
二十四日	月	みずのえ たつ	八白		25	友引	のぞく	畢	05:39 17:56	03:16 10:24	07:59 19:35	05:56 18:13	05:45 –	22:19 –
二十五日	火	みずのと み	九紫	電気記念日 奈良薬師寺花会式(～三十一日) 天一天上(～四月九日) 不成就日	26	先負	みつ	觜	05:37 17:57	03:30 13:33	08:54 20:39	05:55 18:14	06:00 15:39	13:33 22:57
二十六日	水	きのえ うま	一白		27	仏滅	たいら	参	05:36 17:58	03:50 14:42	09:26 21:27	05:54 18:15	05:59 16:41	11:25 23:28
二十七日	木	きのと ひつじ	二黒	東京品川千躰荒神春季大祭(～二十八日) 神奈川仙石原湯立獅子舞	28	大安	さだん	井	05:35 17:59	04:11 15:32	09:58 22:09	05:52 18:16	06:03 17:28	11:43 –
二十八日	金	ひのえ さる	三碧		29	赤口	とる	鬼	05:33 17:59	04:33 16:17	10:30 22:47	05:51 18:16	06:22 18:11	00:00 12:13
二十九日	土	ひのと とり	四緑	●新月 旧三月大 一粒万倍日、不成就日	朔	先負	やぶる	柳	05:32 18:00	04:56 17:01	11:04 23:24	05:49 18:17	06:47 18:55	00:33 12:48
三十日	日	つちのえ いぬ	五黄		2	仏滅	あやぶ	星	05:30 18:01	05:20 17:46	11:38 23:58	05:48 18:18	07:16 19:39	01:07 13:27
三十一日	月	つちのと い	六白	鳥取もちがせ流しびな 旧ひなまつり	3	大安	なる	張	05:29 18:02	05:43 18:32	12:14 –	05:47 18:19	07:46 20:26	01:42 14:10

2025
令和7年

四月（小）

卯《う》月《づき》

畢《ひつ》宿《しゅく》

（四月四日清明の節より月命庚辰
九紫火星の月となる。暗剣殺は南の方位）

旧 三月大 四月小

日	曜	十干・十二支	九星	行事	旧暦	六輝	中段	二十八宿	東京 日出入	東京 満潮	東京 干潮	大阪 日出入	大阪 満潮	大阪 干潮
一日	火	かのえ ね	七赤	新学年、新財政年度 エイプリルフール 旧三月大	4	赤口	おさん	翼	05:27 18:03	06:06 19:20	00:30 12:51	05:45 18:20	08:16 21:17	02:18 14:56
二日	水	かのと うし	八白	日光輪王寺強飯式	5	先勝	ひらく	軫	05:26 18:04	06:28 20:12	01:00 13:30	05:44 18:20	08:43 22:19	02:52 15:49
三日	木	みずのえ とら	九紫	一粒万倍日 三りんぼう	6	友引	とづ	角	05:25 18:04	06:51 21:15	01:27 14:15	05:43 18:21	08:58 −	03:22 16:52
四日	金	みずのと う	一白	清明（21：49）、秩父神社御田植祭 山梨信玄公祭り（〜六日） 一粒万倍日	7	先負	とづ	亢	05:23 18:05	07:12 23:02	01:52 15:12	05:41 18:22	07:10 −	18:05 −
五日	土	きのえ たつ	二黒	◐上弦、佐原香取神宮御田植祭（〜六日） 岐阜祭（〜六日）、愛知犬山祭り（〜六日）	8	仏滅	たつ	氐	05:22 18:06	07:31 −	02:14 16:38	05:40 18:23	06:32 −	19:30 −
六日	日	きのと み	三碧	春の全国交通安全運動（〜十五日） 不成就日	9	大安	のぞく	房	05:20 18:07	02:42 −	18:27 −	05:39 18:23	05:58 −	21:01 −
七日	月	ひのえ うま	四緑	世界保健デー 三りんぼう	10	赤口	みつ	心	05:19 18:08	02:58 13:06	08:56 19:50	05:37 18:24	06:15 15:12	13:06 22:04
八日	火	ひのと ひつじ	五黄	花まつり	11	先勝	たいら	尾	05:18 18:08	03:16 14:25	09:11 20:45	05:36 18:25	06:20 16:10	13:11 22:45
九日	水	つちのえ さる	六白	茨城笠間稲荷例大祭 滋賀長浜曳山まつり（〜十七日）	12	友引	さだん	箕	05:16 18:09	03:35 15:12	09:35 21:27	05:34 18:26	05:24 16:53	11:24 23:18
十日	木	つちのと とり	七赤	新潟糸魚川けんか祭り 京都平野神社桜花祭	13	先負	とる	斗	05:15 18:10	03:53 15:51	10:00 22:02	05:33 18:27	05:37 17:33	11:38 23:48
十一日	金	かのえ いぬ	八白	メートル法公布記念日	14	仏滅	やぶる	牛	05:14 18:11	04:11 16:26	10:26 22:35	05:32 18:27	05:59 18:10	12:06 −
十二日	土	かのと い	九紫	大津日吉大社山王祭（〜十五日）、世界宇宙飛行の日 与論十五夜踊り	15	大安	あやぶ	女	05:12 18:12	04:30 17:00	10:52 23:05	05:31 18:28	06:23 18:47	00:17 12:36
十三日	日	みずのえ ね	一白	○満月、京都今宮神社やすらい祭り 和歌山熊野本宮大社例大祭（〜十五日）、日光二荒山神社弥生祭（〜十七日） 一粒万倍日、八専（〜二十四日）	16	赤口	なる	虚	05:11 18:13	04:48 17:34	11:18 23:33	05:29 18:29	06:46 19:23	00:45 13:07
十四日	月	みずのと うし	二黒	奈良當麻寺練供養会式、春の高山祭り（〜十五日） 科学技術週間（〜二十日） 不成就日	17	先勝	おさん	危	05:10 18:13	05:08 18:07	11:43 −	05:28 18:30	07:07 19:59	01:11 13:39

十五日	火	きのえ とら	三碧		18	友引	ひらく	室	05:08 18:14	05:28 18:41	00:00 12:09	05:27 18:31	07:27 20:37	01:37 14:12
十六日	水	きのと う	四緑	一粒万倍日	19	先負	とづ	壁	05:07 18:15	05:49 19:17	00:26 12:36	05:25 18:31	07:47 21:21	02:04 14:47
十七日	木	ひのえ たつ	五黄	春土用(03:16)	20	仏滅	たつ	奎	05:06 18:16	06:11 19:56	00:52 13:04	05:24 18:32	08:05 22:14	02:34 15:27
十八日	金	ひのと み	六白	発明の日 越後一宮彌彦神社大々神楽	21	大安	のぞく	婁	05:04 18:17	06:35 20:45	01:18 13:37	05:23 18:33	08:15 23:38	03:07 16:14
十九日	土	つちのえ うま	七赤	岐阜古川の起し太鼓(~二十日) 三りんぼう	22	赤口	みつ	胃	05:03 18:18	07:00 21:54	01:47 14:19	05:22 18:34	07:26 –	03:47 17:08
二十日	日	つちのと ひつじ	八白	穀雨(04:56)、郵政記念日、復活祭(イースター) 京都伏見稲荷大社神幸祭、京都松尾大社神幸祭	23	先勝	たいら	昴	05:02 18:18	07:30 23:53	02:26 15:21	05:20 18:34	03:28 06:52	05:09 18:12
二十一日	月	かのえ さる	九紫	◑下弦 靖國神社春季例大祭(~二十三日) 庚申	24	友引	さだん	畢	05:01 18:19	08:18 –	04:04 17:01	05:19 18:35	04:22 –	19:40 –
二十二日	火	かのと とり	一白	不成就日	25	先負	とる	觜	04:59 18:20	01:34 10:53	07:14 18:43	05:18 18:36	04:51 –	21:13 –
二十三日	水	みずのえ いぬ	二黒	サン・ジョルディの日	26	仏滅	やぶる	参	04:58 18:21	02:17 13:10	08:12 19:55	05:17 18:37	04:58 15:26	11:23 22:05
二十四日	木	みずのと い	三碧		27	大安	あやぶ	井	04:57 18:22	02:47 14:23	08:49 20:49	05:16 18:38	04:54 16:24	10:52 22:46
二十五日	金	きのえ ね	四緑	奈良興福寺文殊会 一粒万倍日 甲子	28	赤口	なる	鬼	04:56 18:23	03:14 15:19	09:24 21:35	05:15 18:38	05:09 17:12	11:15 23:23
二十六日	土	きのと うし	五黄	岩手水沢日高火防祭	29	先勝	おさん	柳	04:55 18:23	03:40 16:09	10:00 22:17	05:13 18:39	05:34 17:58	11:49 –
二十七日	日	ひのえ とら	六白	和歌山道成寺会式 長崎開港記念日	30	友引	ひらく	星	04:53 18:24	04:07 16:58	10:36 22:57	05:12 18:40	06:04 18:44	00:01 12:27
二十八日	月	ひのと う	七赤	●新月 旧四月小 一粒万倍日	朔	仏滅	とづ	張	04:52 18:25	04:33 17:47	11:14 23:35	05:11 18:41	06:36 19:32	00:39 13:09
二十九日	火	つちのえ たつ	八白	⊡昭和の日、山形米沢上杉まつり(~五月三日) 佐賀有田陶器市(~五月五日)、壬生大念佛狂言(~五月五日)	2	大安	たつ	翼	04:51 18:26	05:01 18:36	11:53 –	05:10 18:42	07:08 20:23	01:17 13:54
三十日	水	つちのと み	九紫	東京府中くらやみ祭り(~五月六日) 己巳	3	赤口	のぞく	軫	04:50 18:27	05:29 19:26	00:11 12:34	05:09 18:43	07:39 21:20	01:55 14:44

2025
令和7年

五月（大）

皐《さ》月《つき》

觜《し》宿《しゅく》

（五月五日立夏の節より月命辛巳
八白土星の月となる。暗剣殺は東北の方位）

旧 四月小 五月小

日	曜	十干・十二支	九星	行事	旧暦	六輝	中段	二十八宿	東京 日出入	東京 満潮	東京 干潮	大阪 日出入	大阪 満潮	大阪 干潮
一日	木	かのえ うま	一白	八十八夜、メーデー、富山高岡御車山祭 旧四月小、不成就日 岩手平泉春の藤原まつり（～五日） 三りんぼう、大つち（～七日）	4	先勝	みつ	角	04:49 18:28	05:58 20:20	00:46 13:17	05:08 18:43	08:06 22:27	02:33 15:38
二日	金	かのと ひつじ	二黒	下関赤間神宮先帝祭（～四日） 奈良東大寺聖武天皇祭	5	友引	たいら	亢	04:48 18:29	06:28 21:22	01:22 14:05	05:07 18:44	08:04 –	03:12 16:38
三日	土	みずのえ さる	三碧	●憲法記念日、博多どんたく（～四日）、石川七尾青柏祭（～五日） 小田原北條五代祭り、横浜開港記念みなと祭り	6	先負	さだん	氐	04:47 18:29	07:01 22:38	02:03 15:01	05:06 18:45	00:26 06:25	03:57 17:39
四日	日	みずのと とり	四緑	●みどりの日 ◐上弦、愛知豊川稲荷春季大祭（～五日）	7	仏滅	とる	房	04:46 18:30	07:43 –	03:05 16:11	05:05 18:46	04:00 –	18:47 –
五日	月	きのえ いぬ	五黄	立夏（14:57）、端午、菖蒲湯 ●こどもの日、児童福祉週間（～十一日）	8	大安	とる	心	04:45 18:31	00:06 09:31	05:27 17:33	05:04 18:47	04:36 –	20:05 –
六日	火	きのと い	六白	振替休日 三りんぼう	9	赤口	やぶる	尾	04:44 18:32	01:12 12:27	07:35 18:50	05:03 18:47	04:51 14:56	12:02 21:12
七日	水	ひのえ ね	七赤		10	先勝	あやぶ	箕	04:43 18:33	01:53 13:54	08:20 19:51	05:02 18:48	04:23 15:56	12:09 21:59
八日	木	ひのと うし	八白	世界赤十字デー	11	友引	なる	斗	04:42 18:34	02:23 14:51	08:53 20:39	05:01 18:49	04:29 16:42	11:12 22:37
九日	金	つちのえ とら	九紫	石川小松お旅まつり（～十二日） 不成就日 小つち（～十五日）	12	先負	おさん	牛	04:41 18:34	02:49 15:36	09:23 21:21	05:00 18:50	04:48 17:23	11:22 23:10
十日	土	つちのと う	一白	岐阜大垣まつり（～十一日） 愛鳥週間（～十六日） 一粒万倍日	13	仏滅	ひらく	女	04:40 18:35	03:14 16:17	09:52 21:58	04:59 18:51	05:11 18:03	11:48 23:40
十一日	日	かのえ たつ	二黒	母の日、岐阜長良川鵜飼開き 京都松尾大社還幸祭 一粒万倍日	14	大安	とづ	虚	04:39 18:36	03:38 16:54	10:20 22:33	04:58 18:51	05:33 18:41	12:17 –
十二日	月	かのと み	三碧	看護の日	15	赤口	たつ	危	04:38 18:37	04:02 17:30	10:49 23:06	04:58 18:52	05:54 19:19	00:09 12:48
十三日	火	みずのえ うま	四緑	○満月	16	先勝	のぞく	室	04:37 18:38	04:27 18:05	11:17 23:37	04:57 18:53	06:16 19:57	00:38 13:20
十四日	水	みずのと ひつじ	五黄	島根出雲大社大祭礼（～十六日）	17	友引	みつ	壁	04:37 18:38	04:52 18:40	11:47 –	04:56 18:54	06:39 20:38	01:08 13:55

十五日	木	きのえ　さる	六白	沖縄本土復帰記念日 神田明神神田祭、京都葵祭 十方暮れ（〜二十四日）	18	先負	たいら	奎	04:36 18:39	05:19 19:17	00:08 12:18	04:55 18:54	07:04 21:23	01:42 14:33
十六日	金	きのと　とり	七赤	東京浅草三社祭（〜十八日）、下田黒船祭り（〜十八日） 奈良興福寺薪御能（〜十七日）	19	仏滅	さだん	婁	04:35 18:40	05:47 19:58	00:39 12:52	04:55 18:55	07:27 22:16	02:19 15:15
十七日	土	ひのえ　いぬ	八白	日光東照宮春季例大祭（〜十八日） 仙台青葉まつり（〜十八日） 不成就日	20	大安	とる	胃	04:34 18:41	06:17 20:46	01:13 13:30	04:54 18:56	07:35 23:21	03:03 16:01
十八日	日	ひのと　い	九紫	三りんぼう	21	赤口	やぶる	昴	04:34 18:42	06:52 21:44	01:52 14:14	04:53 18:57	06:54 –	04:03 16:52
十九日	月	つちのえ　ね	一白	山形酒田まつり（〜二十一日） 奈良唐招提寺うちわまき、福井三国祭（〜二十一日）	22	先勝	あやぶ	畢	04:33 18:42	07:37 22:49	02:44 15:08	04:52 18:57	01:50 –	17:46 –
二十日	火	つちのと　うし	二黒	◑下弦	23	友引	なる	觜	04:32 18:43	08:52 23:51	04:06 16:18	04:52 18:58	03:08 –	18:50
二十一日	水	かのえ　とら	三碧	小満（03:55）	24	先負	おさん	参	04:32 18:44	10:49 –	05:59 17:41	04:51 18:59	03:28 13:30	10:40 20:05
二十二日	木	かのと　う	四緑	一粒万倍日	25	仏滅	ひらく	井	04:31 18:45	00:44 12:37	07:14 18:58	04:51 19:00	03:27 15:03	10:07 21:11
二十三日	金	みずのえ　たつ	五黄	一粒万倍日	26	大安	とづ	鬼	04:30 18:45	01:27 14:00	08:04 20:02	04:50 19:00	03:46 16:07	10:17 22:03
二十四日	土	みずのと　み	六白	神戸湊川神社楠公祭（〜二十六日） 天一天上（〜六月八日）	27	赤口	たつ	柳	04:30 18:46	02:05 15:09	08:47 20:57	04:49 19:01	04:14 17:02	10:49 22:49
二十五日	日	きのえ　うま	七赤	山形鶴岡天神祭 天赦 不成就日	28	先勝	のぞく	星	04:29 18:47	02:41 16:08	09:29 21:46	04:49 19:02	04:47 17:53	11:28 23:33
二十六日	月	きのと　ひつじ	八白		29	友引	みつ	張	04:29 18:48	03:17 17:02	10:11 22:33	04:48 19:02	05:22 18:45	12:11 –
二十七日	火	ひのえ　さる	九紫	●新月 旧五月小	朔	大安	たいら	翼	04:28 18:48	03:54 17:52	10:54 23:17	04:48 19:03	05:59 19:36	00:16 12:58
二十八日	水	ひのと　とり	一白		2	赤口	さだん	軫	04:28 18:49	04:31 18:41	11:39 –	04:48 19:04	06:37 20:28	00:59 13:47
二十九日	木	つちのえ　いぬ	二黒		3	先勝	とる	角	04:27 18:50	05:08 19:29	00:00 12:24	04:47 19:04	07:15 21:20	01:42 14:37
三十日	金	つちのと　い	三碧	沖縄糸満ハーレー 消費者の日 三りんぼう	4	友引	やぶる	亢	04:27 18:50	05:47 20:15	00:42 13:10	04:47 19:05	07:52 22:14	02:26 15:27
三十一日	土	かのえ　ね	四緑	世界禁煙デー 旧端午 不成就日	5	先負	あやぶ	氐	04:27 18:51	06:28 21:01	01:24 13:57	04:46 19:06	08:28 23:13	03:14 16:18

2025
令和7年

六月（小）

水無月《みなづき》

参宿《しんしゅく》

（六月五日芒種の節より月命壬午
七赤金星の月となる。暗剣殺は西の方位）

旧 五月小 六月大

日	曜	十干・十二支	九星	行事	旧暦	六輝	中段	二十八宿	東京 日出入	東京 満潮	東京 干潮	大阪 日出入	大阪 満潮	大阪 干潮
一日	日	かのと うし	五黄	気象記念日、電波の日 写真の日 旧五月小	6	仏滅	なる	房	04:26 18:52	07:12 21:46	02:10 14:43	04:46 19:06	06:16 –	04:12 17:07
二日	月	みずのえ とら	六白	横浜開港記念日	7	大安	おさん	心	04:26 18:52	08:09 22:30	03:04 15:32	04:46 19:07	00:31 –	17:58 –
三日	火	みずのと う	七赤	◐上弦 一粒万倍日	8	赤口	ひらく	尾	04:26 18:53	09:32 23:14	04:19 16:26	04:46 19:08	02:36 12:08	10:20 18:52
四日	水	きのえ たつ	八白	歯と口の健康週間（〜十日） ＹＯＳＡＫＯＩソーラン祭り（〜八日） 一粒万倍日	9	先勝	とづ	箕	04:25 18:53	11:20 23:58	05:57 17:30	04:45 19:08	02:46 14:31	10:42 19:55
五日	木	きのと み	九紫	芒種（18:57）、環境の日 名古屋熱田まつり 一粒万倍日	10	友引	とづ	斗	04:25 18:54	13:02 –	07:12 18:37	04:45 19:09	03:02 15:57	10:49 20:54
六日	金	ひのえ うま	一白	広島とうかさん大祭（〜八日） 一粒万倍日	11	先負	たつ	牛	04:25 18:55	00:42 14:24	08:01 19:40	04:45 19:09	03:22 17:04	10:51 21:44
七日	土	ひのと ひつじ	二黒	東京鳥越神社例大祭（〜八日）	12	仏滅	のぞく	女	04:25 18:55	01:24 15:25	08:40 20:34	04:45 19:10	03:43 17:56	11:09 22:27
八日	日	つちのえ さる	三碧	不成就日	13	大安	みつ	虚	04:25 18:56	02:05 16:12	09:15 21:21	04:45 19:10	04:02 18:32	11:36 23:05
九日	月	つちのと とり	四緑		14	赤口	たいら	危	04:24 18:56	02:43 16:52	09:49 22:04	04:44 19:11	04:23 19:04	12:07 23:41
十日	火	かのえ いぬ	五黄	滋賀近江神宮漏刻祭 時の記念日	15	先勝	さだん	室	04:24 18:57	03:20 17:28	10:23 22:43	04:44 19:11	04:51 19:34	12:39 –
十一日	水	かのと い	六白	○満月 入梅（00:24）	16	友引	とる	壁	04:24 18:57	03:54 18:03	10:57 23:20	04:44 19:12	05:24 20:05	00:17 13:13
十二日	木	みずのえ ね	七赤	八専（〜二十三日）	17	先負	やぶる	奎	04:24 18:57	04:28 18:38	11:33 23:56	04:44 19:12	06:01 20:39	00:53 13:48
十三日	金	みずのと うし	八白		18	仏滅	あやぶ	婁	04:24 18:58	05:03 19:14	12:09 –	04:44 19:12	06:41 21:16	01:32 14:25
十四日	土	きのえ とら	九紫	大阪住吉大社御田植神事、岩手チャグチャグ馬コ 北海道神宮例祭（〜十六日） 三りんぼう	19	大安	なる	胃	04:24 18:58	05:38 19:51	00:32 12:47	04:44 19:13	07:23 21:57	02:15 15:05

十五日	日	きのと う	一白	父の日 伊勢神宮月次祭(〜二十五日)		20	赤口	おさん	昴	04:24 18:59	06:16 20:31	01:10 13:26	04:44 19:13	08:12 22:43	03:03 15:46
十六日	月	ひのえ たつ	二黒		不成就日	21	先勝	ひらく	畢	04:24 18:59	06:59 21:12	01:52 14:06	04:44 19:14	09:10 23:33	03:59 16:29
十七日	火	ひのと み	三碧	奈良率川神社三枝祭(〜十八日)	一粒万倍日	22	友引	とづ	觜	04:24 18:59	07:52 21:53	02:40 14:50	04:45 19:14	10:17 –	05:11 17:16
十八日	水	つちのえ うま	四緑	海外移住の日	一粒万倍日	23	先負	たつ	参	04:25 19:00	09:03 22:34	03:40 15:39	04:45 19:14	00:26 11:36	08:36 18:08
十九日	木	つちのと ひつじ	五黄	◑下弦		24	仏滅	のぞく	井	04:25 19:00	10:30 23:16	04:55 16:38	04:45 19:14	01:15 13:11	08:43 19:10
二十日	金	かのえ さる	六白	世界難民の日 京都鞍馬寺竹伐り会式	庚申	25	大安	みつ	鬼	04:25 19:00	12:05 –	06:13 17:53	04:45 19:15	01:57 14:47	09:08 20:19
二十一日	土	かのと とり	七赤	夏至(11:42) 新潟月潟まつり(〜二十二日)		26	赤口	たいら	柳	04:25 19:00	00:00 13:45	07:17 19:11	04:45 19:15	02:36 16:11	09:46 21:24
二十二日	日	みずのえ いぬ	八白			27	先勝	さだん	星	04:25 19:01	00:48 15:14	08:12 20:21	04:45 19:15	03:16 17:23	10:30 22:24
二十三日	月	みずのと い	九紫	東京愛宕神社千日詣り(〜二十四日) オリンピックデー、沖縄慰霊の日		28	友引	とる	張	04:26 19:01	01:42 16:20	09:03 21:24	04:46 19:15	03:59 18:18	11:18 23:18
二十四日	火	きのえ ね	九紫		不成就日、甲子 隠遁始め	29	先負	やぶる	翼	04:26 19:01	02:38 17:12	09:54 22:21	04:46 19:15	04:45 19:02	12:06 –
二十五日	水	きのと うし	八白	●新月	旧六月大	朔	赤口	あやぶ	軫	04:26 19:01	03:32 17:57	10:43 23:11	04:46 19:16	05:34 19:41	00:06 12:54
二十六日	木	ひのえ とら	七赤	国連憲章調印記念日	三りんぼう	2	先勝	なる	角	04:26 19:01	04:21 18:38	11:32 23:57	04:47 19:16	06:24 20:21	00:51 13:40
二十七日	金	ひのと う	六白			3	友引	おさん	亢	04:27 19:01	05:06 19:15	12:18 –	04:47 19:16	07:14 21:00	01:34 14:25
二十八日	土	つちのえ たつ	五黄	貿易記念日		4	先負	ひらく	氐	04:27 19:01	05:49 19:48	00:38 13:01	04:47 19:16	08:01 21:41	02:16 15:07
二十九日	日	つちのと み	四緑		己巳 一粒万倍日	5	仏滅	とづ	房	04:28 19:01	06:31 20:19	01:16 13:39	04:48 19:16	08:48 22:22	03:00 15:48
三十日	月	かのえ うま	三碧	大はらい 茅の輪くぐり	一粒万倍日、不成就日 大つち(〜七月六日)	6	大安	たつ	心	04:28 19:01	07:15 20:48	01:55 14:15	04:48 19:16	09:34 23:05	03:49 16:27

2025
令和7年

七月（大）

文《ふみ》月《づき》

井宿《せいしゅく》

（七月七日小暑の節より月命癸未
六白金星の月となる。暗剣殺は西北の方位）

旧 六月大
六月小

日	曜	十干・十二支	九星	行事	旧暦	六輝	中段	二十八宿	東京 日出入	東京 満潮	東京 干潮	大阪 日出入	大阪 満潮	大阪 干潮
一日	火	かのと ひつじ	二黒	山開き、海開き、鳥越神社水上祭形代流し 半夏生(23:13)、全国安全週間(～七日) 旧六月大	7	赤口	のぞく	尾	04:28 19:01	08:04 21:17	02:36 14:49	04:48 19:16	10:24 23:46	04:54 17:03
二日	水	みずのえ さる	一白		8	先勝	みつ	箕	04:29 19:01	09:03 21:47	03:24 15:24	04:49 19:16	11:27 –	08:33 17:32
三日	木	みずのと とり	九紫	◐上弦	9	友引	たいら	斗	04:29 19:01	10:17 22:21	04:27 16:06	04:49 19:16	00:23 14:17	09:10 17:48
四日	金	きのえ いぬ	八白	独立記念日(アメリカ)	10	先負	さだん	牛	04:30 19:01	11:53 22:59	05:46 17:07	04:50 19:15	00:47 –	09:42 –
五日	土	きのと い	七赤		11	仏滅	とる	女	04:30 19:01	14:01 23:45	06:58 18:30	04:50 19:15	00:51 –	10:15 –
六日	日	ひのえ ね	六白	東京入谷朝顔市(～八日)	12	大安	やぶる	虚	04:31 19:00	15:28 –	07:53 19:47	04:51 19:15	00:50 18:46	10:50 21:50
七日	月	ひのと うし	五黄	小暑(05:05)、秋田東湖八坂神社例大祭 七夕、奈良吉野蔵王堂蛙飛び行事	13	赤口	やぶる	危	04:31 19:00	00:45 16:15	08:40 20:51	04:51 19:15	01:19 18:55	11:26 23:05
八日	火	つちのえ とら	四緑	小つち(～十四日) 不成就日	14	先勝	あやぶ	室	04:32 19:00	01:51 16:51	09:23 21:43	04:52 19:15	02:17 19:12	12:01 23:43
九日	水	つちのと う	三碧	浅草観音四万六千日・ほおずき市(～十日)	15	友引	なる	壁	04:32 19:00	02:49 17:24	10:04 22:29	04:52 19:14	03:27 19:33	12:33 –
十日	木	かのえ たつ	二黒		16	先負	おさん	奎	04:33 18:59	03:36 17:55	10:44 23:09	04:53 19:14	04:50 19:55	00:15 13:05
十一日	金	かのと み	一白	○満月、大阪生國魂神社生國魂祭(～十二日) 佐原の大祭夏祭り(～十三日)、広島宮島嚴島神社管絃祭	17	仏滅	ひらく	婁	04:34 18:59	04:18 18:26	11:24 23:47	04:54 19:14	06:00 20:20	00:49 13:36
十二日	土	みずのえ うま	九紫	会津伊佐須美神社御田植祭 一粒万倍日 三りんぼう	18	大安	とづ	胃	04:34 18:59	04:57 18:56	12:02 –	04:54 19:13	06:55 20:50	01:26 14:09
十三日	日	みずのと ひつじ	八白	ぼん迎え火 東京靖國神社みたままつり(～十六日)	19	赤口	たつ	昴	04:35 18:58	05:37 19:27	00:24 12:39	04:55 19:13	07:44 21:23	02:06 14:44
十四日	月	きのえ さる	七赤	和歌山熊野那智の火祭 革命記念日(フランス) 十方暮れ(～二十三日)	20	先勝	のぞく	畢	04:35 18:58	06:18 19:58	01:01 13:15	04:55 19:13	08:33 21:59	02:49 15:21

十五日	火	きのと　とり	六白	ぼん、博多祇園山笠追い山笠 山形出羽三山神社花まつり 一粒万倍日	21	友引	みつ	觜	04:36 18:57	07:04 20:28	01:40 13:50	04:56 19:12	09:23 22:38	03:38 16:00
十六日	水	ひのえ　いぬ	五黄	ぼん送り火、やぶ入り えんま詣り 不成就日	22	先負	たいら	参	04:37 18:57	07:56 20:58	02:21 14:24	04:57 19:12	10:17 23:18	04:36 16:41
十七日	木	ひのと　い	四緑	京都八坂神社祇園祭山鉾巡行前祭（後祭二十四日）	23	仏滅	さだん	井	04:37 18:56	08:57 21:28	03:08 15:00	04:57 19:11	11:23 23:58	05:50 17:25
十八日	金	つちのえ　ね	三碧	◑下弦、小倉祇園太鼓（～二十日）	24	大安	とる	鬼	04:38 18:56	10:10 22:00	04:07 15:41	04:58 19:11	12:53 －	07:15 18:16
十九日	土	つちのと　うし	二黒	夏土用（19:05）、土用丑の日 勤労青少年の日	25	赤口	やぶる	柳	04:39 18:55	11:43 22:39	05:21 16:39	04:59 19:10	00:37 17:16	08:24 19:28
二十日	日	かのえ　とら	一白	青森恐山大祭（～二十四日）、山口祇園祭鷺の舞 熊谷うちわ祭（～二十二日） 初伏	26	先勝	あやぶ	星	04:39 18:55	14:09 23:33	06:39 18:21	04:59 19:10	01:16 18:25	09:26 21:06
二十一日	月	かのと　う	九紫	⊡海の日、宮城塩竈みなと祭り 神奈川茅ケ崎・寒川浜降祭	27	友引	なる	張	04:40 18:54	15:51 －	07:49 20:06	05:00 19:09	02:00 19:03	10:25 22:37
二十二日	火	みずのえ　たつ	八白	大暑（22:29）、敦賀氣比神宮総参祭 うわじま牛鬼まつり・和霊大祭（～二十四日）	28	先負	おさん	翼	04:41 18:53	00:59 16:39	08:51 21:27	05:01 19:08	03:13 19:08	11:18 23:26
二十三日	水	みずのと　み	七赤	天一天上（～八月七日）	29	仏滅	ひらく	軫	04:42 18:53	02:31 17:15	09:48 22:26	05:01 19:08	04:32 19:02	12:03 －
二十四日	木	きのえ　うま	六白	地蔵ぼん、大阪天満宮天神祭（～二十五日） 新潟彌彦燈籠まつり（～二十六日） 一粒万倍日、天赦 三りんぼう、不成就日	30	大安	とづ	角	04:42 18:52	03:35 17:47	10:40 23:11	05:02 19:07	05:35 19:25	00:04 12:45
二十五日	金	きのと　ひつじ	五黄	神奈川真鶴貴船まつり（～二十六日） ●新月、徳島眉山天神社天神祭 旧六月小	朔	赤口	たつ	亢	04:43 18:51	04:25 18:17	11:26 23:49	05:03 19:06	06:27 19:55	00:41 13:24
二十六日	土	ひのえ　さる	四緑	隅田川花火大会 福島相馬野馬追（～二十八日）	2	先勝	のぞく	氐	04:44 18:51	05:08 18:43	12:06 －	05:03 19:06	07:13 20:28	01:19 14:02
二十七日	日	ひのと　とり	三碧	一粒万倍日	3	友引	みつ	房	04:45 18:50	05:47 19:07	00:24 12:41	05:04 19:05	07:55 21:01	01:57 14:38
二十八日	月	つちのえ　いぬ	二黒	熊本阿蘇神社おんだ祭り	4	先負	たいら	心	04:45 18:49	06:26 19:30	00:56 13:12	05:05 19:04	08:36 21:34	02:37 15:11
二十九日	火	つちのと　い	一白		5	仏滅	さだん	尾	04:46 18:48	07:04 19:52	01:28 13:40	05:06 19:03	09:17 22:05	03:20 15:41
三十日	水	かのえ　ね	九紫	大阪住吉大社住吉祭（～八月一日） 不成就日 中伏	6	大安	とる	箕	04:47 18:47	07:46 20:14	02:01 14:07	05:06 19:03	10:00 22:32	04:09 16:07
三十一日	木	かのと　うし	八白	箱根芦ノ湖湖水まつり、京都愛宕神社千日詣り（～八月一日） 諏訪大社下社お舟祭り（～八月一日）、八戸三社大祭（～八月四日）	7	赤口	やぶる	斗	04:48 18:47	08:33 20:39	02:36 14:32	05:07 19:02	10:51 22:51	05:18 16:23

2025
令和7年

八月(大)

葉《は》月《づき》

鬼《き》宿《しゅく》

(八月七日立秋の節より月命甲申 五黄土星の月となる。暗剣殺はなし)

旧 六月小 七月大

日	曜	十干・十二支	九星	行事	旧暦	六輝	中段	二十八宿	東京 日出入	東京 満潮	東京 干潮	大阪 日出入	大阪 満潮	大阪 干潮
一日	金	みずのえ とら	七赤	◐上弦、弘前ねぷた祭り(～七日)、富山魚津たてもん祭り(～二日) 八朔、大宮氷川神社例祭、盛岡さんさ踊り(～四日) 旧六月小	8	先勝	あやぶ	牛	04:48 18:46	09:31 21:06	03:19 14:58	05:08 19:01	23:02 –	07:27 –
二日	土	みずのと う	六白	三重桑名石取祭り(～三日) 青森ねぶた祭(～七日)	9	友引	なる	女	04:49 18:45	10:51 21:37	04:20 15:31	05:09 19:00	23:06 –	08:29 –
三日	日	きのえ たつ	五黄	秋田竿燈まつり(～六日) 水の祭典久留米まつり(～五日)	10	先負	おさん	虚	04:50 18:44	14:15 22:18	05:45 17:00	05:09 18:59	21:07 –	09:28 –
四日	月	きのと み	四緑		11	仏滅	ひらく	危	04:51 18:43	15:44 23:24	07:06 19:13	05:10 18:58	18:27 –	10:22 –
五日	火	ひのえ うま	三碧	山形花笠まつり(～七日) 一粒万倍日 三りんぼう	12	大安	とづ	室	04:52 18:42	16:15 –	08:10 20:40	05:11 18:57	18:37 –	11:07 23:47
六日	水	ひのと ひつじ	二黒	広島原爆の日 仙台七夕まつり(～八日)	13	赤口	たつ	壁	04:52 18:41	01:15 16:42	09:03 21:38	05:12 18:56	01:18 18:54	11:44 23:52
七日	木	つちのえ さる	一白	立秋(14:52)、鼻の日 下関忌宮神社数方庭祭(～十三日) 天赦 不成就日	14	先勝	たつ	奎	04:53 18:40	02:38 17:08	09:50 22:22	05:12 18:55	02:39 19:10	12:15 –
八日	金	つちのと とり	九紫	御嶽山雲上大御神火祭 千葉館山観光まつり	15	友引	のぞく	婁	04:54 18:39	03:30 17:33	10:33 22:59	05:13 18:54	05:20 19:26	00:10 12:43
九日	土	かのえ いぬ	八白	○満月、長崎原爆の日、京都清水寺千日詣り(～十六日) 宝塚中山寺星下り大会式、高知よさこい祭り(～十二日) 末伏	16	先負	みつ	胃	04:55 18:38	04:13 17:59	11:12 23:34	05:14 18:53	06:12 19:47	00:38 13:12
十日	日	かのと い	七赤	三りんぼう	17	仏滅	たいら	昴	04:55 18:37	04:54 18:24	11:48 –	05:15 18:52	06:58 20:13	01:11 13:43
十一日	月	みずのえ ね	六白	◉山の日 一粒万倍日 八専(～二十二日)	18	大安	さだん	畢	04:56 18:36	05:35 18:50	00:08 12:23	05:15 18:51	07:41 20:43	01:48 14:15
十二日	火	みずのと うし	五黄	徳島阿波おどり(～十五日)	19	赤口	とる	觜	04:57 18:34	06:17 19:14	00:43 12:55	05:16 18:50	08:26 21:15	02:28 14:50
十三日	水	きのえ とら	四緑	月遅れぼん迎え火、岡山笠岡白石踊り(～十六日) 岐阜郡上おどり(～十六日)	20	先勝	やぶる	参	04:58 18:33	07:02 19:39	01:18 13:26	05:17 18:49	09:12 21:48	03:14 15:26
十四日	木	きのと う	三碧	奈良春日大社中元万灯籠(～十五日)、平戸ジャンガラ(～十八日) 新島若郷の大踊、大分姫島盆踊り(～十六日)	21	友引	あやぶ	井	04:59 18:32	07:52 20:02	01:56 13:56	05:18 18:48	10:05 22:21	04:06 16:03

十五日	金	ひのえ　たつ	二黒	月遅れぼん、宮城松島流灯会 海の盆（〜十六日） 終戦の日、周防祖生の柱松行事（祖生中村）	不成就日	22	先負	なる	鬼	04:59 18:31	08:49 20:27	02:38 14:24	05:18 18:47	11:10 22:51	05:10 16:39
十六日	土	ひのと　み	一白	月遅れぼん送り火、箱根大文字焼、千葉広済寺鬼来迎 ◑下弦、京都五山送り火、秋田西馬音内盆踊り（〜十八日）		23	仏滅	おさん	柳	05:00 18:30	09:58 20:53	03:30 14:50	05:19 18:46	23:05 –	06:30 –
十七日	日	つちのえ　うま	九紫	滋賀建部大社船幸祭		24	大安	ひらく	星	05:01 18:29	11:54 21:26	04:42 15:12	05:20 18:44	20:39 –	07:53 –
十八日	月	つちのと　ひつじ	八白		一粒万倍日	25	赤口	とづ	張	05:02 18:27	15:50 22:25	06:15 18:08	05:21 18:43	18:45 –	09:17 –
十九日	火	かのえ　さる	七赤	鎌倉宮例大祭（〜二十一日） 秋田花輪ばやし（〜二十日）	庚申	26	先勝	たつ	翼	05:02 18:26	16:10 –	07:42 20:49	05:21 18:42	19:08 –	10:23 –
二十日	水	かのと　とり	六白			27	友引	のぞく	軫	05:03 18:25	01:19 16:34	08:51 21:50	05:22 18:41	19:00 –	11:11 23:31
二十一日	木	みずのえ　いぬ	五黄			28	先負	みつ	角	05:04 18:24	02:51 16:57	09:47 22:28	05:23 18:40	04:45 18:35	11:50 23:53
二十二日	金	みずのと　い	四緑	沖縄全島エイサーまつり（〜二十四日）	三りんぼう	29	仏滅	たいら	亢	05:05 18:22	03:44 17:19	10:33 23:00	05:23 18:38	05:36 18:54	12:25 –
二十三日	土	きのえ　ね	三碧	処暑（05:34） ●新月	旧七月大、甲子 一粒万倍日	朔	先勝	さだん	氐	05:06 18:21	04:26 17:41	11:11 23:31	05:24 18:37	06:20 19:21	00:25 12:59
二十四日	日	きのと　うし	二黒	京都地蔵ぼん		2	友引	とる	房	05:06 18:20	05:04 18:01	11:45 –	05:25 18:36	07:00 19:50	00:59 13:32
二十五日	月	ひのえ　とら	一白	東京亀戸天神社大祭	不成就日	3	先負	やぶる	心	05:07 18:18	05:39 18:20	00:00 12:14	05:26 18:35	07:39 20:19	01:35 14:02
二十六日	火	ひのと　う	九紫	山梨吉田の火祭り（〜二十七日）		4	仏滅	あやぶ	尾	05:08 18:17	06:14 18:39	00:29 12:41	05:26 18:33	08:17 20:46	02:11 14:31
二十七日	水	つちのえ　たつ	八白	神奈川大山阿夫利神社秋季例大祭（〜二十九日）		5	大安	なる	箕	05:09 18:16	06:50 18:59	00:56 13:06	05:27 18:32	08:55 21:09	02:49 14:56
二十八日	木	つちのと　み	七赤		己巳	6	赤口	おさん	斗	05:09 18:14	07:28 19:19	01:25 13:30	05:28 18:31	09:35 21:27	03:30 15:16
二十九日	金	かのえ　うま	六白	旧七夕	大つち（〜九月四日）	7	先勝	ひらく	牛	05:10 18:13	08:10 19:40	01:54 13:52	05:29 18:29	10:23 21:40	04:18 15:32
三十日	土	かのと　ひつじ	五黄		一粒万倍日	8	友引	とづ	女	05:11 18:12	09:00 20:04	02:28 14:12	05:29 18:28	21:44 –	05:21 –
三十一日	日	みずのえ　さる	四緑	◐上弦 二百十日、出羽三山八朔祭（〜九月一日）		9	先負	たつ	虚	05:12 18:10	10:10 20:30	03:13 14:27	05:30 18:27	20:09 –	06:44 –

2025
令和7年

九月（小）

長《なが》月《つき》

柳宿《りゅうしゅく》

（九月七日白露の節より月命乙酉四緑木星の月となる。暗剣殺は東南の方位）

旧 七月大 八月小

日	曜	十干・十二支	九星	行事	旧暦	六輝	中段	二十八宿	東京 日出入	東京 満潮	東京 干潮	大阪 日出入	大阪 満潮	大阪 干潮
一日	月	みずのと とり	三碧	防災の日、健康増進普及月間（〜三十日） 八尾おわら風の盆（〜三日）、鹿島神宮神幸祭（〜二日） 旧七月大	10	仏滅	のぞく	危	05:12 18:09	21:04 –	04:28 –	05:31 18:25	19:41 –	08:22 –
二日	火	きのえ いぬ	二黒	福井敦賀まつり（〜四日） 不成就日	11	大安	みつ	室	05:13 18:08	15:42 22:13	06:19 19:14	05:31 18:24	17:54 –	09:45 –
三日	水	きのと い	一白	三りんぼう	12	赤口	たいら	壁	05:14 18:06	15:56 –	07:44 20:51	05:32 18:23	18:10 –	10:39 –
四日	木	ひのえ ね	九紫	富山射水賀茂神社の稚児舞 一粒万倍日	13	先勝	さだん	奎	05:15 18:05	01:11 16:15	08:44 21:33	05:33 18:21	18:24 –	11:16 23:41
五日	金	ひのと うし	八白	石炭の日	14	友引	とる	婁	05:15 18:03	02:33 16:36	09:32 22:07	05:34 18:20	04:32 18:33	11:45 23:53
六日	土	つちのえ とら	七赤	小つち（〜十二日）	15	先負	やぶる	胃	05:16 18:02	03:23 16:57	10:13 22:39	05:34 18:18	05:22 18:46	12:12 –
七日	日	つちのと う	六白	白露（17：52） 秋田角館のお祭り（〜九日） 一粒万倍日	16	仏滅	やぶる	昴	05:17 18:00	04:06 17:19	10:50 23:11	05:35 18:17	06:05 19:06	00:18 12:40
八日	月	かのえ たつ	五黄	○満月	17	大安	あやぶ	畢	05:18 17:59	04:48 17:42	11:26 23:44	05:36 18:16	06:46 19:32	00:50 13:11
九日	火	かのと み	四緑	重陽、救急の日 京都上賀茂神社重陽神事	18	赤口	なる	觜	05:19 17:58	05:30 18:05	11:59 –	05:36 18:14	07:29 20:01	01:26 13:45
十日	水	みずのえ うま	三碧	二百二十日 不成就日	19	先勝	おさん	参	05:19 17:56	06:13 18:27	00:18 12:31	05:37 18:13	08:13 20:31	02:06 14:19
十一日	木	みずのと ひつじ	二黒	東京芝大神宮だらだら祭り（〜二十一日）	20	友引	ひらく	井	05:20 17:55	06:59 18:50	00:53 13:01	05:38 18:11	09:00 21:01	02:50 14:54
十二日	金	きのえ さる	一白	十方暮れ（〜二十一日） 一粒万倍日	21	先負	とづ	鬼	05:21 17:53	07:49 19:11	01:30 13:29	05:39 18:10	09:54 21:28	03:40 15:27
十三日	土	きのと とり	九紫	山形谷地八幡宮の林家舞楽（〜十五日）	22	仏滅	たつ	柳	05:22 17:52	08:46 19:33	02:12 13:54	05:39 18:09	11:06 21:39	04:42 15:53
十四日	日	ひのえ いぬ	八白	◑下弦、新潟柏崎女谷綾子舞 鎌倉鶴岡八幡宮例大祭（〜十六日）	23	大安	のぞく	星	05:22 17:50	10:04 19:56	03:03 14:12	05:40 18:07	19:29 –	06:00 –

十五日	月	ひのと　い	七赤	⊡敬老の日、老人週間（〜二十一日） 京都岩清水八幡宮勅祭石清水祭		24	赤口	みつ	張	05:23 17:49	20:18 –	04:19 –	05:41 18:06	18:14 –	07:29 –
十六日	火	つちのえ　ね	六白			25	先勝	たいら	翼	05:24 17:47	15:34 –	06:06 –	05:41 18:04	18:21 –	09:01 –
十七日	水	つちのと　うし	五黄			26	友引	さだん	軫	05:25 17:46	15:43 –	07:39 21:15	05:42 18:03	18:39 –	10:07 –
十八日	木	かのえ　とら	四緑		三りんぼう 不成就日	27	先負	とる	角	05:25 17:44	01:57 16:01	08:44 21:42	05:43 18:01	03:52 18:00	01:25 10:51 23:24
十九日	金	かのと　う	三碧		一粒万倍日	28	仏滅	やぶる	亢	05:26 17:43	02:59 16:19	09:33 22:09	05:44 18:00	04:43 17:56	11:26 23:37
二十日	土	みずのえ　たつ	二黒	彼岸入り、石川七尾お熊甲祭 空の日、動物愛護週間（〜二十六日）		29	大安	あやぶ	氐	05:27 17:41	03:42 16:38	10:12 22:37	05:44 17:59	05:26 18:17	11:57 –
二十一日	日	みずのと　み	一白	秋の全国交通安全運動（〜三十日） 太宰府天満宮大祭（〜二十五日）	天一天上（〜十月六日）	30	赤口	なる	房	05:28 17:40	04:20 16:56	10:45 23:05	05:45 17:57	06:05 18:42	00:06 12:28
二十二日	月	きのえ　うま	九紫	●新月 青森岩木山お山参詣	旧八月小	朔	友引	おさん	心	05:28 17:39	04:55 17:15	11:16 23:32	05:46 17:56	06:44 19:09	00:38 12:57
二十三日	火	きのと　ひつじ	八白	⊡秋分の日（03：19）、旭川こたんまつり 千葉大原はだか祭り（〜二十四日）	不成就日	2	先負	ひらく	尾	05:29 17:37	05:30 17:33	11:44 23:58	05:46 17:54	07:21 19:34	01:12 13:25
二十四日	水	ひのえ　さる	七赤	結核予防週間（〜三十日）	一粒万倍日	3	仏滅	とづ	箕	05:30 17:36	06:04 17:51	12:11 –	05:47 17:53	07:58 19:56	01:46 13:51
二十五日	木	ひのと　とり	六白	富山こきりこ祭り（〜二十六日）		4	大安	たつ	斗	05:31 17:34	06:39 18:11	00:24 12:36	05:48 17:51	08:36 20:14	02:21 14:15
二十六日	金	つちのえ　いぬ	五黄	社日 彼岸明け		5	赤口	のぞく	牛	05:31 17:33	07:15 18:31	00:51 13:00	05:49 17:50	09:17 20:28	02:57 14:37
二十七日	土	つちのと　い	四緑	東京西多摩春日神社鳳凰の舞（〜二十八日）		6	先勝	みつ	女	05:32 17:31	07:55 18:52	01:18 13:23	05:49 17:49	10:07 20:36	03:37 14:58
二十八日	日	かのえ　ね	三碧	宮崎五ヶ瀬の荒踊		7	友引	たいら	虚	05:33 17:30	08:42 19:14	01:49 13:44	05:50 17:47	20:03 –	04:27 –
二十九日	月	かのと　うし	二黒			8	先負	さだん	危	05:34 17:28	09:51 19:38	02:29 14:04	05:51 17:46	19:00 –	05:30 –
三十日	火	みずのえ　とら	一白	◐上弦	三りんぼう	9	仏滅	とる	室	05:35 17:27	20:05 –	03:31 –	05:52 17:44	17:03 –	06:48 –

2025
令和7年

十月(大)

神無月《かんなづき》

星宿《せいしゅく》

(十月八日寒露の節より月命丙戌 三碧木星の月となる。暗剣殺は東の方位)

旧 八月小 九月大

日	曜	十干・十二支	九星	行事	旧暦	六輝	中段	二十八宿	東京 日出・日入	東京 満潮	東京 干潮	大阪 日出・日入	大阪 満潮	大阪 干潮
一日	水	みずのと う	九紫	全国労働衛生週間(～七日)、法の日、国慶節(中国) 旧八月小 共同募金運動(～翌三月三十一日) 一粒万倍日、不成就日	10	大安	やぶる	壁	05:35 17:25	14:51 –	05:25 –	05:52 17:43	17:17 –	08:48 –
二日	木	きのえ たつ	八白	京都北野天満宮ずいき祭り(一～五日)	11	赤口	あやぶ	奎	05:36 17:24	15:09 –	07:07 20:40	05:53 17:42	17:35 –	09:56 –
三日	金	きのと み	七赤		12	先勝	なる	婁	05:37 17:23	01:04 15:28	08:13 21:10	05:54 17:40	03:26 17:41	01:12 10:36 23:22
四日	土	ひのえ うま	六白	兵庫上鴨川住吉神社神事舞(～五日) 福島二本松提灯祭り(～六日)	13	友引	おさん	胃	05:38 17:21	02:19 15:48	09:01 21:40	05:55 17:39	04:23 17:44	11:05 23:29
五日	日	ひのと ひつじ	五黄	長野南木曽花馬祭り	14	先負	ひらく	昴	05:39 17:20	03:11 16:10	09:43 22:11	05:55 17:38	05:08 17:59	11:35 23:54
六日	月	つちのえ さる	四緑	十五夜、国際協力の日 一粒万倍日 国際文通週間(～十二日) 天赦	15	仏滅	とづ	畢	05:39 17:18	03:56 16:32	10:21 22:43	05:56 17:36	05:50 18:22	12:06 –
七日	火	つちのと とり	三碧	○満月、長崎くんち(～九日)	16	大安	たつ	觜	05:40 17:17	04:40 16:55	10:58 23:17	05:57 17:35	06:33 18:50	00:27 12:40
八日	水	かのえ いぬ	二黒	寒露(09:41) 阿寒湖まりも祭り(～十日)	17	赤口	たつ	参	05:41 17:16	05:25 17:19	11:33 23:52	05:58 17:33	07:16 19:20	01:04 13:15
九日	木	かのと い	一白	香川金刀比羅宮例大祭(～十一日) 世界郵便デー、秋の高山祭(～十日) 不成就日	18	先勝	のぞく	井	05:42 17:14	06:11 17:43	12:07 –	05:59 17:32	08:02 19:50	01:45 13:51
十日	金	みずのえ ね	九紫	目の愛護デー、佐原の大祭秋祭り(～十二日) 神戸海神社秋祭り(～十二日) 八専(～二十一日)	19	友引	みつ	鬼	05:43 17:13	06:59 18:07	00:29 12:38	05:59 17:31	08:53 20:18	02:30 14:26
十一日	土	みずのと うし	八白	滋賀大津祭(～十二日)、鹿沼秋まつり(～十二日) 東京池上本門寺お会式(～十三日)	20	先負	たいら	柳	05:43 17:11	07:52 18:31	01:09 13:09	06:00 17:29	09:52 20:38	03:22 15:00
十二日	日	きのえ とら	七赤	宮城布袋まつり 奈良八柱神社題目立	21	仏滅	さだん	星	05:44 17:10	08:54 18:56	01:54 13:38	06:01 17:28	11:26 18:55	04:23 15:21
十三日	月	きのと う	六白	⊡スポーツの日 和歌山竈山神社例祭	22	大安	とる	張	05:45 17:09	10:26 19:20	02:49 14:11	06:02 17:27	18:17 –	05:37 –
十四日	火	ひのえ たつ	五黄	◑下弦、兵庫灘けんか祭り(～十五日) 鉄道の日、愛媛西条まつり(～十七日)	23	赤口	やぶる	翼	05:46 17:07	13:20 19:43	04:06 16:00	06:03 17:26	17:14 –	06:59 –

日	曜	干支	九星	行事・祭事	注記	旧暦	六曜	中段	二十八宿						
十五日	水	ひのと み	四緑	新聞週間（〜二十一日）、和歌山熊野大社速玉大祭（〜十六日）、長野善光寺秋のお会式、天理石上神宮ふるまつり		24	先勝	あやぶ	軫	05:47 17:06	14:22 –	05:47 20:20	06:03 17:24	17:34 –	08:29 –
十六日	木	つちのえ うま	三碧	日光東照宮秋季大祭（〜十七日）、愛媛新居浜太鼓祭り（〜十八日）	一粒万倍日 三りんぼう	25	友引	なる	角	05:48 17:05	00:11 14:48	07:15 20:45	06:04 17:23	02:42 17:41	00:29 09:36
十七日	金	つちのと ひつじ	二黒	靖國神社秋季例大祭（〜十九日）、貯蓄の日、岩手釜石まつり（〜十九日）	不成就日	26	先負	おさん	亢	05:49 17:04	01:54 15:09	08:16 21:12	06:05 17:22	03:47 17:04	00:34 10:20 23:22
十八日	土	かのえ さる	一白	統計の日、浅草寺菊供養会	庚申	27	仏滅	ひらく	氐	05:49 17:02	02:50 15:29	09:01 21:40	06:06 17:21	04:33 17:14	10:53 23:23
十九日	日	かのと とり	九紫	東京日本橋べったら市（〜二十日）、京都建勲神社船岡大祭	一粒万倍日	28	大安	とづ	房	05:50 17:01	03:33 15:48	09:39 22:08	06:07 17:19	05:14 17:36	11:24 23:49
二十日	月	みずのえ いぬ	八白	秋土用（12:29）、えびす講		29	赤口	たつ	心	05:51 17:00	04:11 16:08	10:13 22:35	06:08 17:18	05:53 18:00	11:54 –
二十一日	火	みずのと い	七赤	●新月	旧九月大 不成就日	朔	先負	のぞく	尾	05:52 16:59	04:47 16:28	10:45 23:02	06:08 17:17	06:31 18:24	00:19 12:23
二十二日	水	きのえ ね	六白	京都時代祭、京都鞍馬の火祭	甲子	2	仏滅	みつ	箕	05:53 16:57	05:22 16:48	11:15 23:29	06:09 17:16	07:09 18:46	00:51 12:50
二十三日	木	きのと うし	五黄	霜降（12:51）、電信電話記念日		3	大安	たいら	斗	05:54 16:56	05:57 17:09	11:43 23:56	06:10 17:15	07:47 19:05	01:24 13:16
二十四日	金	ひのえ とら	四緑	国連デー、島根出雲大土地神楽（〜二十五日）、長崎平戸おくんち（〜二十七日）		4	赤口	さだん	牛	05:55 16:55	06:32 17:31	12:11 –	06:11 17:14	08:27 19:22	01:57 13:43
二十五日	土	ひのと う	三碧	宇都宮二荒神社菊水祭（〜二十六日）		5	先勝	とる	女	05:56 16:54	07:08 17:54	00:23 12:38	06:12 17:12	09:11 19:36	02:32 14:10
二十六日	日	つちのえ たつ	二黒	原子力の日		6	友引	やぶる	虚	05:57 16:53	07:47 18:18	00:52 13:04	06:13 17:11	10:07 19:40	03:12 14:40
二十七日	月	つちのと み	一白	文字・活字文化の日、読書週間（〜十一月九日）	己巳	7	先負	あやぶ	危	05:58 16:52	08:34 18:43	01:25 13:33	06:14 17:10	11:43 18:53	03:57 15:15
二十八日	火	かのえ うま	九紫	速記記念日	一粒万倍日、三りんぼう 大つち（〜十一月三日）	8	仏滅	なる	室	05:59 16:50	09:40 19:12	02:05 14:11	06:15 17:09	18:18 –	04:52 –
二十九日	水	かのと ひつじ	八白		不成就日	9	大安	おさん	壁	05:59 16:49	11:23 19:52	03:00 15:34	06:15 17:08	16:04 –	05:53 –
三十日	木	みずのえ さる	七赤	◐上弦		10	赤口	ひらく	奎	06:00 16:48	13:02 22:03	04:26 18:51	06:16 17:07	16:32 –	07:11 –
三十一日	金	みずのと とり	六白	ハロウィン	一粒万倍日	11	先勝	とづ	婁	06:01 16:47	13:50 –	06:08 19:55	06:17 17:06	16:45 –	08:43 23:39

2025
令和7年

十一月(小)

霜月《しもつき》

張宿《ちょうしゅく》

(十一月七日立冬の節より月命丁亥 二黒土星の月となる。暗剣殺は西南の方位)

旧 九月大 十月大

日	曜	十干・十二支	九星	行事	旧暦	六輝	中段	二十八宿	東京 日出入	東京 満潮	東京 干潮	大阪 日出入	大阪 満潮	大阪 干潮
一日	土	きのえ いぬ	五黄	新米穀年度、計量記念日、灯台記念日 教育・文化週間(〜七日)、明治神宮秋の大祭(〜三日) 旧九月大	12	友引	たつ	胃	06:02 16:46	00:36 14:21	07:24 20:31	06:18 17:05	03:06 16:40	09:38 22:54
二日	日	きのと い	四緑	十三夜、亥の子祭・炉開き 佐賀唐津くんち(〜四日)	13	先負	のぞく	昴	06:03 16:45	01:57 14:48	08:19 21:04	06:19 17:04	04:04 16:48	10:19 23:02
三日	月	ひのえ ね	三碧	◉文化の日 箱根大名行列、鹿児島弥五郎どん祭り	14	仏滅	みつ	畢	06:04 16:44	02:56 15:14	09:06 21:38	06:20 17:03	04:52 17:10	10:56 23:31
四日	火	ひのと うし	二黒		15	大安	たいら	觜	06:05 16:43	03:47 15:41	09:49 22:14	06:21 17:02	05:38 17:38	11:34 –
五日	水	つちのえ とら	一白	○満月 高知八代農村歌舞伎 小つち(〜十一日)	16	赤口	さだん	参	06:06 16:42	04:36 16:09	10:30 22:51	06:22 17:01	06:24 18:09	00:07 12:12
六日	木	つちのと う	九紫	京都松尾大社上卯祭 不成就日	17	先勝	とる	井	06:07 16:42	05:25 16:37	11:09 23:30	06:23 17:01	07:11 18:42	00:47 12:51
七日	金	かのえ たつ	八白	立冬(13:04) 秋田保呂羽山霜月神楽(〜八日)	18	友引	とる	鬼	06:08 16:41	06:14 17:07	11:46 –	06:24 17:00	08:01 19:14	01:31 13:30
八日	土	かのと み	七赤	世界都市計画の日、福島須賀川松明あかし 京都伏見稲荷大社火焚祭、愛知津島神社参候祭	19	先負	やぶる	柳	06:09 16:40	07:04 17:38	00:12 12:23	06:25 16:59	08:56 19:44	02:19 14:09
九日	日	みずのえ うま	六白	秋季全国火災予防運動(〜十五日)、京都嵐山もみじ祭 太陽暦採用記念日、茨城岩井将門まつり	20	仏滅	あやぶ	星	06:10 16:39	07:57 18:10	00:56 13:01	06:26 16:58	09:59 20:01	03:12 14:50
十日	月	みずのと ひつじ	五黄	技能の日 静岡音無神社尻つみ祭り	21	大安	なる	張	06:11 16:38	08:57 18:44	01:44 13:42	06:27 16:57	11:20 18:20	04:10 15:38
十一日	火	きのえ さる	四緑	群馬片品の猿追い祭り 世界平和記念日 十方暮れ(〜二十日)	22	赤口	おさん	翼	06:12 16:37	10:08 19:26	02:38 14:38	06:28 16:57	15:12 –	05:11 –
十二日	水	きのと とり	三碧	◑下弦、一の酉 千葉誕生寺御会式 一粒万倍日	23	先勝	ひらく	軫	06:13 16:37	11:28 20:50	03:42 16:25	06:29 16:56	16:03 –	06:17 –
十三日	木	ひのえ いぬ	二黒	一粒万倍日	24	友引	とづ	角	06:14 16:36	12:36 23:44	04:59 19:00	06:30 16:55	16:28 –	07:33 23:30
十四日	金	ひのと い	一白	三りんぼう 不成就日	25	先負	たつ	亢	06:15 16:35	13:22 –	06:18 19:57	06:30 16:55	02:28 16:13	08:45 23:44

十五日	土	つちのえ　ね	九紫	七五三、愛知豊川稲荷秋季大祭（～十六日） 千葉中山法華経寺御会式（～十八日）	26	仏滅	のぞく	氐	06:16 16:35	01:28 13:56	07:23 20:34	06:31 16:54	03:41 16:08	09:35 23:30
十六日	日	つちのと　うし	八白		27	大安	みつ	房	06:17 16:34	02:34 14:25	08:15 21:06	06:32 16:53	04:30 16:26	10:14 23:16
十七日	月	かのえ　とら	七赤	奈良談山神社例大祭	28	赤口	たいら	心	06:18 16:33	03:24 14:52	08:59 21:37	06:33 16:53	05:14 16:49	10:48 23:38
十八日	火	かのと　う	六白		29	先勝	さだん	尾	06:19 16:33	04:07 15:18	09:39 22:06	06:34 16:52	05:55 17:12	11:21 –
十九日	水	みずのえ　たつ	五黄		30	友引	とる	箕	06:20 16:32	04:45 15:44	10:15 22:35	06:35 16:52	06:35 17:34	00:07 11:52
二十日	木	みずのと　み	四緑	●新月 天一天上（～十二月五日） 旧十月大	朔	仏滅	やぶる	斗	06:21 16:32	05:21 16:10	10:49 23:04	06:36 16:51	07:14 17:55	00:39 12:22
二十一日	金	きのえ　うま	三碧	京都東本願寺報恩講（～二十八日）	2	大安	あやぶ	牛	06:22 16:31	05:55 16:36	11:21 23:34	06:37 16:51	07:52 18:17	01:12 12:52
二十二日	土	きのと　ひつじ	二黒	熊本八代妙見祭（～二十三日）、大阪少彦名神社神農祭（～二十三日） 小雪（10：36）、神話の高千穂夜神楽まつり（～二十三日）	3	赤口	なる	女	06:23 16:31	06:29 17:04	11:52 –	06:38 16:50	08:32 18:39	01:46 13:24
二十三日	日	ひのえ　さる	一白	⦿勤労感謝の日 伊勢神宮新嘗祭（～二十九日） 不成就日	4	先勝	おさん	虚	06:24 16:30	07:05 17:32	00:05 12:23	06:39 16:50	09:15 19:00	02:22 14:00
二十四日	月	ひのと　とり	九紫	振替休日、二の酉 一粒万倍日	5	友引	ひらく	危	06:25 16:30	07:43 18:01	00:38 12:55	06:40 16:50	10:03 19:06	03:00 14:41
二十五日	火	つちのえ　いぬ	八白	一粒万倍日	6	先負	とづ	室	06:26 16:30	08:26 18:33	01:13 13:32	06:41 16:49	10:59 18:39	03:42 15:35
二十六日	水	つちのと　い	七赤	三りんぼう	7	仏滅	たつ	壁	06:27 16:29	09:17 19:13	01:53 14:18	06:42 16:49	12:28 18:26	04:26 17:00
二十七日	木	かのえ　ね	六白	東京品川千躰荒神秋季大祭（～二十八日） 感謝祭（アメリカ）	8	大安	のぞく	奎	06:28 16:29	10:15 20:12	02:39 15:28	06:43 16:49	14:47 –	05:14 –
二十八日	金	かのと　うし	五黄	◐上弦 税関記念日	9	赤口	みつ	婁	06:29 16:29	11:15 21:57	03:37 17:19	06:44 16:48	15:17 –	06:08 22:42
二十九日	土	みずのえ　とら	四緑	出雲大社神在祭	10	先勝	たいら	胃	06:30 16:28	12:08 23:56	04:53 18:49	06:45 16:48	00:37 15:09	07:16 22:35
三十日	日	みずのと　う	三碧		11	友引	さだん	昴	06:31 16:28	12:54 –	06:17 19:43	06:46 16:48	02:34 15:21	08:30 22:16

2025
令和7年

十二月(大)

師《し》走《わす》

翼《よく》宿《しゅく》

(十二月七日大雪の節より月命戊子
一白水星の月となる。暗剣殺は北の方位)

旧 十月大 十一月大

日	曜	十干・十二支	九星	行事	旧暦	六輝	中段	二十八宿	東京 日出入	東京 満潮	東京 干潮	大阪 日出入	大阪 満潮	大阪 干潮
一日	月	きのえ たつ	二黒	岡山最上稲荷お火たき大祭(～二日)、映画の日 歳末たすけあい運動(～三十一日)、世界エイズデー 旧十月大 不成就日	12	先負	とる	畢	06:31 16:28	01:31 13:35	07:28 20:26	06:46 16:48	03:47 15:47	09:30 22:37
二日	火	きのと み	一白	埼玉秩父夜祭(～三日)	13	仏滅	やぶる	觜	06:32 16:28	02:46 14:13	08:27 21:07	06:47 16:48	04:45 16:20	10:21 23:12
三日	水	ひのえ うま	九紫	障害者週間(～九日) 島根美保神社諸手船神事	14	大安	あやぶ	参	06:33 16:28	03:47 14:52	09:18 21:49	06:48 16:48	05:38 16:55	11:08 23:54
四日	木	ひのと ひつじ	八白	人権週間(～十日)	15	赤口	なる	井	06:34 16:28	04:42 15:31	10:06 22:32	06:49 16:48	06:30 17:34	11:53 –
五日	金	つちのえ さる	七赤	○満月、石川奥能登あえのこと(招き) 納めの水天宮	16	先勝	おさん	鬼	06:35 16:28	05:32 16:10	10:52 23:17	06:50 16:48	07:20 18:13	00:39 12:37
六日	土	つちのと とり	六白	一粒万倍日	17	友引	ひらく	柳	06:36 16:28	06:20 16:49	11:35 –	06:51 16:48	08:09 18:54	01:26 13:20
七日	日	かのえ いぬ	五黄	大雪(06:05)、福岡ふいご大祭 京都千本釈迦堂大根炊き(～八日)	18	先負	ひらく	星	06:37 16:28	07:06 17:28	00:03 12:18	06:51 16:48	08:58 19:37	02:15 14:05
八日	月	かのと い	四緑	納めの薬師 針供養、こと納め 一粒万倍日	19	仏滅	とづ	張	06:37 16:28	07:51 18:09	00:49 13:00	06:52 16:48	09:47 20:21	03:03 14:51
九日	火	みずのえ ね	三碧	京都了徳寺大根炊き(～十日) 一粒万倍日、不成就日 八専(～二十日)	20	大安	たつ	翼	06:38 16:28	08:35 18:52	01:35 13:44	06:53 16:48	10:38 18:18 21:08	03:51 15:43 19:42
十日	水	みずのと うし	二黒	世界人権デー、埼玉武蔵一宮氷川神社大湯祭 納めの金毘羅	21	赤口	のぞく	軫	06:39 16:28	09:18 19:42	02:20 14:34	06:54 16:48	11:36 18:14	04:39 16:55
十一日	木	きのえ とら	一白	三りんぼう	22	先勝	みつ	角	06:40 16:28	10:00 20:53	03:05 15:40	06:55 16:48	12:54 23:22	05:26 21:45
十二日	金	きのと う	九紫	◑下弦 漢字の日	23	友引	たいら	亢	06:41 16:28	10:42 22:39	03:53 17:17	06:55 16:48	14:07 –	06:14 22:23
十三日	土	ひのえ たつ	八白	正月こと始め すす払い	24	先負	さだん	氐	06:41 16:29	11:25 –	04:52 18:50	06:56 16:49	01:48 14:31	07:08 22:49
十四日	日	ひのと み	七赤	東京高輪泉岳寺赤穂義士祭	25	仏滅	とる	房	06:42 16:29	00:38 12:10	06:04 19:47	06:57 16:49	05:40 14:55	08:15 23:00

十五日	月	つちのえ　うま	六白	年賀郵便特別扱い開始、東京世田谷ボロ市（〜十六日） 奈良春日大社春日若宮おん祭り（〜十八日）		26	大安	やぶる	心	06:43 16:29	02:19 12:58	07:15 20:30	06:57 16:49	07:00 15:18	09:18 23:12
十六日	火	つちのと　ひつじ	五黄	石川氣多大社鵜祭		27	赤口	あやぶ	尾	06:43 16:30	03:25 13:46	08:16 21:06	06:58 16:50	07:21 15:39	10:11 23:36
十七日	水	かのえ　さる	四緑	東京浅草寺羽子板市（〜十九日）	庚申 不成就日	28	先勝	なる	箕	06:44 16:30	04:11 14:29	09:07 21:41	06:59 16:50	07:06 16:00	10:57 –
十八日	木	かのと　とり	三碧	納めの観音		29	友引	おさん	斗	06:45 16:30	04:49 15:09	09:51 22:15	06:59 16:50	07:12 16:28	00:06 11:37
十九日	金	みずのえ　いぬ	二黒			30	先負	ひらく	牛	06:45 16:31	05:22 15:44	10:31 22:49	07:00 16:51	07:35 17:03	00:38 12:12
二十日	土	みずのと　い	一白	●新月	旧十一月大 一粒万倍日	朔	大安	とづ	女	06:46 16:31	05:54 16:18	11:07 23:23	07:00 16:51	08:02 17:43	01:10 12:47
二十一日	日	きのえ　ね	一白	納めの大師	一粒万倍日、天赦、甲子 陽遁始め	2	赤口	たつ	虚	06:46 16:32	06:25 16:51	11:41 23:57	07:01 16:52	08:32 18:25	01:42 13:22
二十二日	月	きのと　うし	二黒	冬至（00:03）、ゆず湯 奈良一言主神社一陽来復祭		3	先勝	のぞく	危	06:47 16:32	06:57 17:24	12:15 –	07:01 16:52	09:04 19:09	02:15 14:01
二十三日	火	ひのえ　とら	三碧		三りんぼう	4	友引	みつ	室	06:47 16:33	07:30 17:58	00:31 12:50	07:02 16:53	09:39 19:56	02:48 14:43
二十四日	水	ひのと　う	四緑	納めの地蔵 三重桑名伊勢大神楽	不成就日	5	先負	たいら	壁	06:48 16:33	08:04 18:36	01:05 13:27	07:02 16:53	10:17 20:47	03:23 15:32
二十五日	木	つちのえ　たつ	五黄	クリスマス 京都北野天満宮終い天神		6	仏滅	さだん	奎	06:48 16:34	08:40 19:21	01:40 14:10	07:03 16:54	10:59 21:44	04:00 16:32
二十六日	金	つちのと　み	六白	官庁御用納め	己巳	7	大安	とる	婁	06:48 16:34	09:18 20:19	02:17 15:01	07:03 16:54	11:44 22:51	04:39 19:08
二十七日	土	かのえ　うま	七赤		大つち（〜一月二日）	8	赤口	やぶる	胃	06:49 16:35	09:56 21:38	02:57 16:10	07:04 16:55	12:30 –	05:21 20:45
二十八日	日	かのと　ひつじ	八白	◐上弦、納めの不動		9	先勝	あやぶ	昴	06:49 16:36	10:37 23:15	03:46 17:35	07:04 16:56	00:17 13:14	06:12 21:01
二十九日	月	みずのえ　さる	九紫			10	友引	なる	畢	06:49 16:36	11:21 –	04:54 18:51	07:04 16:56	02:06 13:56	07:20 21:35
三十日	火	みずのと　とり	一白			11	先負	おさん	觜	06:50 16:37	01:09 12:12	06:26 19:51	07:04 16:57	05:41 14:39	08:40 22:18
三十一日	水	きのえ　いぬ	二黒	大晦日、年越し、八坂神社けら詣り、大はらい 男鹿ナマハゲ、出羽三山神社松例祭（〜一月一日）		12	仏滅	ひらく	参	06:50 16:38	03:01 13:10	07:51 20:43	07:05 16:58	06:32 15:24	09:55 23:03

心に届く

手紙のあいさつ

時候のあいさつとは

普通私達が手紙を書く場合、大きく分けて〝実用〟と〝社交〟に区別できるものと考えられます。実用は移転の通知や招待状などで比較的面倒ではありませんが、社交には一定の形式というものがあります。まず冒頭に書くのが「拝啓」などで、そのあとに時候のあいさつとなります。時候のあいさつは、自分なりに季節感を織り込んでのびのびと書くことが大切です。決まり文句を並べすぎるのは味気ないものです。

時候のあいさつのさまざまな表現

※**一月（睦月・正月）**
初春・新春・厳寒のみぎり・寒の入り・大寒・寒気ことのほか厳しい日々ですが・降り積もる雪・スキー・スケート

※**二月（如月・梅見月）**
晩冬の候・寒明け・余寒の候・立春とは名ばかりで、朝夕はまだ寒さの厳しい季節でございますが・三寒四温

※**三月（弥生・花見月）**
早春の候・浅春のみぎり・急に春めいた今日この頃・一雨ごとの暖かさ・暑さ寒さも彼岸までと申しますが・雛祭り・春一番

※**四月（卯月・花残月）**
花冷え・花便り・うららか・春陽麗和の好季節・桜花爛漫の候・春たけなわ・楽しい新学期・春暖の候

※**五月（皐月・早苗月）**
薫風の候・晩春・立夏・緑したたる好季節・新緑の目にしみる昨今・春色ようやく衰え、吹く風も夏めいてまいりました

※**六月（水無月・風待月）**
梅雨・衣がえの季節・田植え・紫陽花・つばめ・梅雨冷えの折柄・初夏の候・素足の快い味わい・若鮎のさわやかな光り

※**七月（文月・七夜月）**
盛夏・梅雨明けの暑さ・土用の入り・天の川・七夕・爽快な夏・暑気日ごとに加わり・星祭り・いよいよ夏休み・避暑・夕風の涼味うれしい頃

※**八月（葉月・月見月）**
残暑の候・立秋・旧盆・秋立つ・朝顔・夏を惜しむ・秋立つとは申しながら、暑熱いまだ衰えをみせず・暑さもようやく峠を越え

※**九月（長月・菊月）**
二百十日・虫の音・秋晴れ・野分けの季節・朝夕日毎に凌ぎやすくなり・新涼の候・天高く馬肥ゆる好季節・日々、ひと雨ごとに秋も色こく相成り

※**十月（神無月・雷無月）**
秋冷・秋の味覚・月見・読書の秋・仲秋の候・昨今は日脚も短く相成り・菊薫る好季節・秋気身にしみる頃となりました

※**十一月（霜月・雪待月）**
晩秋・立冬・向寒・菊日和・渡り鳥・冬支度・七五三・逐日冷気加わる折柄・落陽の音にも秋の淋しさ身にしみて

※**十二月（師走・春待月）**
寒冷・酉の市・ゆず湯・冬至・初氷・木枯らし吹きすさぶ季節・歳末多端の折・本年も余すところ旬日に迫り

高島易断吉運本暦

九星別運勢と方位の吉凶

◎大吉　○吉　△凶　▲大凶

生まれ年別の九星の調べ方

本命星の出し方

生まれた年の九星を「本命星」といい、この星を主体にして方位や運勢を占います。各自の本命星を出すには、左の早見表を見てください。

まず自分の生まれ年を見て、右に行きますと、九星欄に九星が載っています。それがあなたの本命星となります。ただし、この場合に注意していただきたいことは、二月の節分以前の月・日に生まれた人は、その前の年に生まれた人と同じ本命星となることです。

暦上の新年は立春からです。たとえば平成五年一月三十日生まれの人の本命星は、平成五年の「七赤金星」ではなく、平成四年の「八白土星」になります。同様に干支も癸酉ではなく壬申になります。これは大切なことですから、間違えないようにしてください。

年齢の数え方

左表の年齢は満年齢になっていますので、今年の誕生日が来てこの年齢になります。また、この表の満年齢に一歳を加えれば数え年になります。

年齢から本命星を探す場合も、二月節分までに生まれた人は、その前年に生まれた人の年齢の欄を見るよう、注意してください。

年齢	干支	生年		九星
		邦暦	西暦	
歳 29	丙子	年 平成8	年 1996	四緑木星
28	丁丑	9	1997	三碧木星
27	戊寅	10	1998	二黒土星
26	己卯	11	1999	一白水星
25	庚辰	12	2000	九紫火星
24	辛巳	13	2001	八白土星
23	壬午	14	2002	七赤金星
22	癸未	15	2003	六白金星
21	甲申	16	2004	五黄土星
20	乙酉	17	2005	四緑木星
19	丙戌	18	2006	三碧木星
18	丁亥	19	2007	二黒土星
17	戊子	20	2008	一白水星
16	己丑	21	2009	九紫火星
15	庚寅	22	2010	八白土星
14	辛卯	23	2011	七赤金星
13	壬辰	24	2012	六白金星
12	癸巳	25	2013	五黄土星
11	甲午	26	2014	四緑木星
10	乙未	27	2015	三碧木星
9	丙申	28	2016	二黒土星
8	丁酉	29	2017	一白水星
7	戊戌	30	2018	九紫火星
6	己亥	平成31 令和元	2019	八白土星
5	庚子	2	2020	七赤金星
4	辛丑	3	2021	六白金星
3	壬寅	4	2022	五黄土星
2	癸卯	5	2023	四緑木星
1	甲辰	6	2024	三碧木星
0	乙巳	7	2025	二黒土星

＊甲（きのえ）、乙（きのと）、丙（ひのえ）、丁（ひのと）、戊（つちのえ）、己（つちのと）、庚（かのえ）、辛（かのと）、壬（みずのえ）、癸（みずのと）、子（ね）、丑（うし）、寅（とら）、卯（う）、辰（たつ）、巳（み）、午（うま）、未（ひつじ）、申（さる）、酉（とり）、戌（いぬ）、亥（い）

令和７年（干支／九星）年齢早見表

年齢	干支	生年		九星
		邦暦	西暦	
歳		年	年	
97	戊辰	昭和3	1928	九紫火星
96	己巳	4	1929	八白土星
95	庚午	5	1930	七赤金星
94	辛未	6	1931	六白金星
93	壬申	7	1932	五黄土星
92	癸酉	8	1933	四緑木星
91	甲戌	9	1934	三碧木星
90	乙亥	10	1935	二黒土星
89	丙子	11	1936	一白水星
88	丁丑	12	1937	九紫火星
87	戊寅	13	1938	八白土星
86	己卯	14	1939	七赤金星
85	庚辰	15	1940	六白金星
84	辛巳	16	1941	五黄土星
83	壬午	17	1942	四緑木星
82	癸未	18	1943	三碧木星
81	甲申	19	1944	二黒土星
80	乙酉	20	1945	一白水星
79	丙戌	21	1946	九紫火星
78	丁亥	22	1947	八白土星
77	戊子	23	1948	七赤金星
76	己丑	24	1949	六白金星
75	庚寅	25	1950	五黄土星
74	辛卯	26	1951	四緑木星
73	壬辰	27	1952	三碧木星
72	癸巳	28	1953	二黒土星
71	甲午	29	1954	一白水星
70	乙未	30	1955	九紫火星
69	丙申	31	1956	八白土星
68	丁酉	32	1957	七赤金星
67	戊戌	33	1958	六白金星
66	己亥	34	1959	五黄土星
65	庚子	35	1960	四緑木星
64	辛丑	36	1961	三碧木星

年齢	干支	生年		九星
		邦暦	西暦	
歳		年	年	
63	壬寅	昭和37	1962	二黒土星
62	癸卯	38	1963	一白水星
61	甲辰	39	1964	九紫火星
60	乙巳	40	1965	八白土星
59	丙午	41	1966	七赤金星
58	丁未	42	1967	六白金星
57	戊申	43	1968	五黄土星
56	己酉	44	1969	四緑木星
55	庚戌	45	1970	三碧木星
54	辛亥	46	1971	二黒土星
53	壬子	47	1972	一白水星
52	癸丑	48	1973	九紫火星
51	甲寅	49	1974	八白土星
50	乙卯	50	1975	七赤金星
49	丙辰	51	1976	六白金星
48	丁巳	52	1977	五黄土星
47	戊午	53	1978	四緑木星
46	己未	54	1979	三碧木星
45	庚申	55	1980	二黒土星
44	辛酉	56	1981	一白水星
43	壬戌	57	1982	九紫火星
42	癸亥	58	1983	八白土星
41	甲子	59	1984	七赤金星
40	乙丑	60	1985	六白金星
39	丙寅	61	1986	五黄土星
38	丁卯	62	1987	四緑木星
37	戊辰	63	1988	三碧木星
36	己巳	昭和64 平成元	1989	二黒土星
35	庚午	2	1990	一白水星
34	辛未	3	1991	九紫火星
33	壬申	4	1992	八白土星
32	癸酉	5	1993	七赤金星
31	甲戌	6	1994	六白金星
30	乙亥	7	1995	五黄土星

生まれ年（九星）による性格と運勢

人は生まれ年によりその人特有の運命を持ちます。その性質や運勢を表したものが九星です。

「吉凶悔吝《かいりん》は動より生じる」という易の言葉があります。人は動くことにより吉運、凶運が生まれます。九星気学は良い時に良い方向に動いて吉運をつかみ、悪い運を未然に防ぐことができます。

生まれた時に受けたあなたの生気と相性の良い気の流れに乗ると吉運を得ることができます。反対に、相性の悪い気の流れに乗ってしまうと凶運を呼び込んでしまいます。このページは吉運気をつかむヒントになる九星の性格と運勢を記したものです。

ここに記されている九星とは天体の星ではありません。五行《ごぎょう》に配された木、火、土、金、水の気を受けた場所や象意《しょうい》の意味で用いられています。

また各九星の色は時間の経過を表しています。さらに、色の一部はその時間帯の表情や状況を示しています。

あなたの本命星は、表紙の裏ページの年齢早見表や56～57ページをご参照ください。

各星の基本性質

一白水星
基本・水
天候・雨
色合・ブルー
人物・中年男性
味覚・塩辛い
象意・交わり
職業・商売人
人体・腎臓

二黒土星
基本・大地
天候・穏かな日
色合・黒
人物・妻　母
味覚・甘い
象意・従順
職業・副の人
人体・腹部

三碧木星
基本・雷と音
天候・地震と雷
色合・碧
人物・成熟男性
味覚・酸っぱい
象意・伝達
職業・音の仕事
人体・肝臓

四緑木星
基本・木
天候・四季の風
色合・グリーン
人物・長女
味覚・酸っぱい
象意・人物往来
職業・運送外交
人体・腸　神経

五黄土星
基本・土　湿気
天候・四季土用
色合・黄色
人物・長老
味覚・甘い
象意・古い
職業・古物商
人体・大腸

六白金星
基本・金
天候・晴天
色合・白
人物・父　社長
味覚・辛い
象意・動く
職業・宝石商
人体・頭　血圧

七赤金星
基本・沢
天候・荒れ模様
色合・赤
人物・少女
味覚・辛い甘い
象意・笑う
職業・飲食店
人体・気管口中

八白土星
基本・山
天候・曇天急変
色合・白
人物・相続人
味覚・甘い
象意・変わり目
職業・不動産
人体・関節　腰

九紫火星
基本・火
天候・暑気南風
色合・紫
人物・学者
味覚・苦い
象意・発覚発見
職業・役所
人体・頭脳　目

一白水星

易の坎《かん》の卦《か》で「水」を表します。水は大地を潤して命を育て、高い所から低い所へと流れていく性質です。一白水星の人は従順で状況によって形を変える適応性を持っていますが、氾濫する大河のような激しさも併せ持っています。地下を流れる水脈のように秘密事を隠すのが上手です。交わりや繋ぐといった意味があり、商売人や外交員、仲介者に向いている星でもあります。水分、アルコールの象意もあるので、人体では血液や腎臓を表すこともあります。

二黒土星

易の坤《こん》の卦《か》で「大地」を表します。母なる大地はすべてを受け入れて育てます。二黒土星の人は優しさと慈しみを持ち勤勉で真面目ですが、優柔不断なところがあります。人物では妻や母を表し、世話を焼くのが好きで、跡継ぎを育成することが上手な人です。トップで動くよりもナンバー2の位置のほうが活躍できる傾向があり、コツコツと努力を積み上げることができる人が多い星です。人体では胃や消化器を指し、ストレスによる胃潰瘍などの象意もあります。

三碧木星

易の震《しん》の卦《か》で「雷」を表します。稲妻は目も眩むような閃光と激しい雷鳴で空気を振動させます。三碧木星の人は若々しく、行動的で活発な性質を持っています。アイディアや発想力に秀で、責任感が強い人が多い星でもあります。雷は正体がないもので、雷鳴は騒がしくも後には何も残らないように、大言壮語する傾向も持っています。人体においては肝臓や舌などに関連があり、肝炎や神経痛などの象意もあります。楽器や音が鳴るものに縁があります。

四緑木星

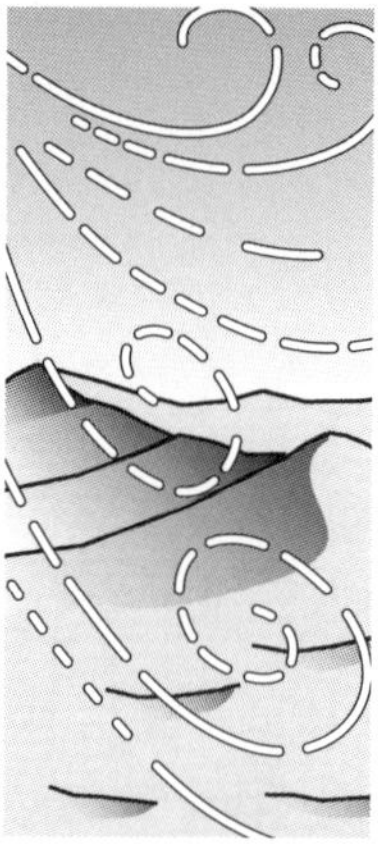

易の巽《そん》の卦《か》で「風」を表します。風は物に従い、小さな隙間でも入り込む性質があります。そのため従順で自由を好み、柔軟な思考を持っています。人の行き交いや出入りといった意味があり、人同士の縁に関わる要素があります。四緑木星の人は世渡り上手で、マイペースな性格で穏やかな人が多いのですが、気まぐれで束縛を嫌い優柔不断な部分があります。人体では気管や呼吸器系、また長い形状の物の象意から腸などを表しています。

五黄土星

易では太極《たいきょく》を指します。他の星とは違い、五黄土星は卦《か》には含まれません。八卦は太極から生じており、根源的な存在にあたります。事象の始まりであり終点でもあるのです。他の八つの星の中央に位置して統べる存在であるため、五黄土星の人は精神的に強靭で頼れる存在といえます。人で表すなら帝王や権力者で、我儘で自信過剰な性質があります。すべてのものは土に還ることから腐敗の意味もあります。人体においては五臓六腑や心臓の意味を持ちます。

六白金星

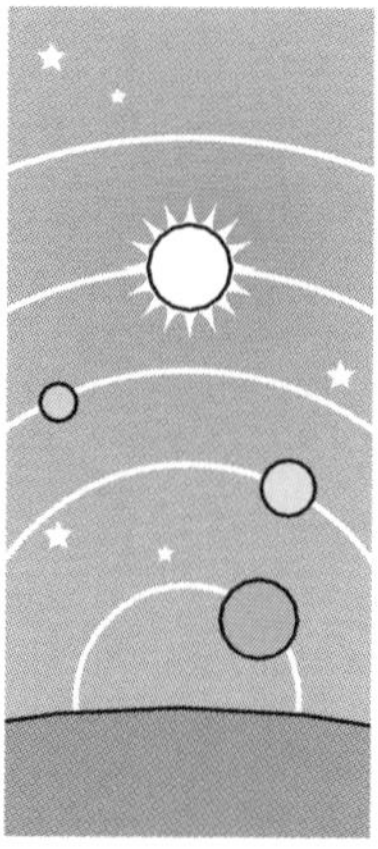

易の乾《けん》の卦《か》で「天」を表します。天は休みなく回り続けて循環するものです。星の運行が停止することはありません。この状態は健全であり完成されたものです。天を意味する六白金星の人は国でいえば君主、一家では家長にあたります。健全に動いてこそ国や家が成り立つ中心人物です。自尊心が高くやや自意識過剰な傾向がありますが、正義感が強く真面目で努力家の人が多い星です。人体では思考の中心である頭や血液を循環させる心臓を表します。

七赤金星

易の兌《だ》の卦《か》で「沢」を表します。沢は湿地帯や渓谷であり、水をたたえている場所です。人に利益をもたらすことを「恩沢《おんたく》」というように、水辺では休息と恩恵が受けられます。遊楽や遊行の意味があり、七赤金星の人は遊びやお喋り好きな傾向があります。少女や芸妓を表し、社交的で人あたりが良く派手好き、浪費家でもあります。人体では口や舌などを表します。遊びに長けていますが満足することは少なく、何かしら不満を持っていることが多いです。

八白土星

易の艮《ごん》の卦《か》で「山」を表します。山は不動のものです。また土が積み重なった様や連峰のように連なったことから積む、重なるといった意味を持ちます。艮は夜から朝に移る丑寅の時間を指してもいるため、変化や繋ぎ目といった意味も持っています。八白土星の人は正直で真面目な性格です。堅実で忍耐強く仕事を遂行します。不動の山であることから決断が遅くて臨機応変さに欠ける部分もあります。繋ぐ象意から人体では関節や骨などを指します。

九紫火星

易の離《り》の卦《か》で「火」を表します。輝く太陽でもあり、眩しく輝く存在です。火の明かりに照らされることは美しさを意味し、光で詳細が明らかになることから知性や頭脳も指します。九紫火星の人は人目を惹く華やかさや明晰な頭脳を持つ人が多いです。名誉にこだわり見栄っ張りです。競争心も強いです。目標や競争相手を失うと急激に情熱が消えてしまう燃え尽きタイプが多い傾向もあります。人体においては目や頭部、神経などを表します。

一白水星《いっぱくすいせい》

◎開花期

方位吉凶図

吉方

本年は相生する六白金星が回座する南方位、四緑木星が回座する西方位、七赤金星が回座する北方位が吉方となります。月別の吉方は毎月の運勢欄をご覧ください。

凶方

本年は五黄土星が回座する東北方位が五黄殺、反対側の八白土星が回座する西南方位が暗剣殺の大凶方位になります。一白水星が回座する東南方位が本命殺、三碧木星が回座する西北方位が本命的殺となり大凶方位になります。本年の十二支である巳の反対側、亥の方位が歳破で大凶方位です。

今年の運勢の変化と指針

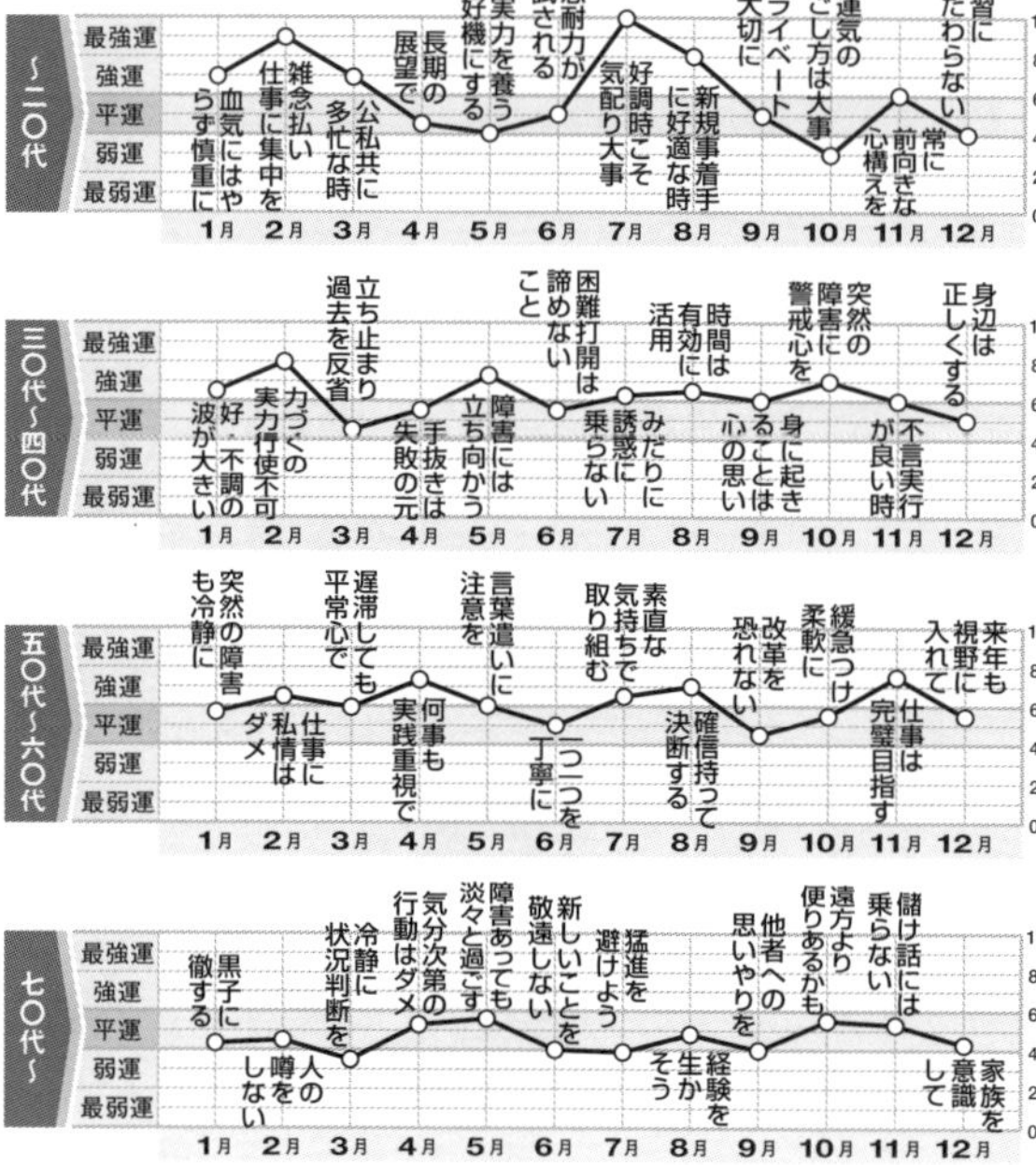

●本年、あなたの本命星は開花期と言われる東南の巽宮《そんきゅう》に回座しています。同時に七赤金星に被同会されています。この時期は運気盛大で成功の度合いの強い星回りです。温めていた腹案や計画があれば早めに実行に移すのが良いです。この本命星を持つあなたは外見が穏和で、内に秘める実力はあるのですが、その力を発揮するタイミングが難しい人でもあります。発揮するタイミングが外れると暴走さえしかねません。

●本年はそんな難しいあなたにも絶好の好機と言える時です。冒頭にあげた腹案や計画があれば即実行できるように心の準備を整えておくのが良いでしょう。成果を手にするまでに時間がかかることがあります。焦らずじっくりと継続させることによって良好な結果を得ることができるでしょう。仕事とプライベートと忙しい年になりますが、その時々を一生懸命やり抜くことが幸せにつながります

適職　法律家、医師、印刷業、飲食業、書店、文筆業、政治家、漁業水産加工、酒類製造販売業、観光旅行業、クリーニング業、ガソリンスタンド、モデル、タレント、コンパニオン等

年齢別１年間の運勢指針

8歳（平成29年 丁酉）
自分が中心でないと気に入らない育ち方をすると、将来に不安が。子供どうしの交わりを大事にしましょう。

17歳（平成20年 戊子）
この時期は多くの若者が分かれ道に立って、進路に頭を悩ませます。慎重な選択を。

26歳（平成11年 己卯）
運気は良い時期です。浮かれ気分を捨てて本職に取り組みましょう。

35歳（平成2年 庚午）
中堅になり役職を得ている人もいるでしょう。失敗を恐れず果敢に突き進んでいくのが吉策です。

44歳（昭和56年 辛酉）
周囲の状況がよく見えて、こんなものかと考えるのは危険です。変化に耐えられる心の準備は常に必要です。

53歳（昭和47年 壬子）
駆け上がってきた階段を上から眺め、これから昇ろうとする階段を下から眺めるゆとりを持ちましょう。

62歳（昭和38年 癸卯）
仕事から少し離れて息抜きをしたい場所にいる状況でしょう。今だからできることも多々あります。

71歳（昭和29年 甲午）
余力は十分に残っています。死ぬまで働く覚悟が必要な時代です。もう少し頑張りましょう。

80歳（昭和20年 乙酉）
働ける体力があるうちは社会貢献に尽くしましょう。あなたの元気が周囲を活性化させます。

89歳（昭和11年 丙子）
恵まれた素質を持っています。あなたの行動が周囲を動かす原動力となって活性化することもあります。

98歳（昭和2年 丁卯）
周りに若い人が集まって周囲が明るくなります。加わって意見交換をすると活力をもらえて若返るでしょう。

107歳（大正7年 戊午）
よく頑張ったという賞賛の声が聞こえそう。人生の後輩に伝えることがあれば、言い残しておきましょう。

●今年の健康運

今年の健康運は概して良いほうです。他者のために気遣いをして精神力を弱めないことが大切です。運気は絶好調な時です。勢いに任せて心身に疲労を溜め込んでしまうという悪循環に陥らないよう注意しましょう。本年は過酷な労力を使わなければ健康に一年を過ごすことができます。適度に休養を取り入れ、健康な一年を過ごしましょう。

●今年の金銭運

本年の金銭運は良好です。真面目に仕事に取り組めばそれなりの収入が得られます。自分の働きが人のためになっていることを意識するのは大切なことです。他者のために奉仕をすると金銭運はアップします。普段見向きもしなかった遠方からも良好な金銭運が流れてきます。先方も良い、こちらも良い。そんなふうに社会の役に立つのが金運上昇のコツです。

●今年の恋愛運

一白水星生まれのあなたの恋が本年は最高潮と言っても良いです。恋愛中の二人には結婚という祝福が待ち構えているることでしょう。長い間恋人がいなかった人にも、本年は相手出現の機運がある年回りです。それとなく雰囲気を感じたら勇敢にアタックを試みましょう。遠方からの情報も見逃せません。何もしなければ、恋愛での吉も生まれません。

一月 運勢

一月五日小寒の節より
月命丁丑　三碧木星の月
暗剣殺　東の方位

陽気で華やかな年明けの月になりますがしっかりした計画の下に着実に進めていきましょう。災難はいつ何時訪れるかわからないものです。仕事は１００％完全でなければ、できたとは言えません。

目標・目的を具体的に掲げて実行していくのが良策です。努力目標を紙に書いて目に付くようにすると良いでしょう。

●一月の方位

今月の吉方位	大吉→東北、南 吉→乾、亥
1月の幸運数	2、3、7
幸運色	パープル

●吉日と注意日

16木	15水	14火	13月	12日	11土	10金	9木	8水	7火	6月	5日	4土	3金	2木	1水
△	△	◎	○	◎	○	△	○	▲	△	△	◎	○	◎	○	△
	31金	30木	29水	28火	27月	26日	25土	24金	23木	22水	21火	20月	19日	18土	17金
	○	◎	○	△	○	▲	△	△	◎	○	◎	○	△	○	▲

二月 運勢

二月三日立春の節より
月命戊寅　二黒土星の月
暗剣殺　西南の方位

前月ははっきり見えてこなかった努力の成果が、今月は具体的に実を結んでくるでしょう。予期しないところからの朗報も入ってきます。追い風を受けて順調に進捗していきます。

調子が良い時は独断専行になりがちです。周囲との連携や気配りを忘れないようにしましょう。

●二月の方位

今月の吉方位	大吉→南、北 吉→西
2月の幸運数	1、4、6
幸運色	ブルー

●吉日と注意日

16日	15土	14金	13木	12水	11火	10月	9日	8土	7金	6木	5水	4火	3月	2日	1土
○	△	○	▲	△	△	◎	○	◎	○	△	○	▲	△	△	◎
				28金	27木	26水	25火	24月	23日	22土	21金	20木	19水	18火	17月
				◎	○	◎	○	△	○	▲	△	△	◎	○	◎

三月 運勢

三月五日啓蟄の節より
月命己卯　一白水星の月
暗剣殺　北の方位

運気は上々とは言えないですが、あなたの周りに自然と人や物が集まってきます。それらを上手に活用し、前進の糧にしていきましょう。あなたの活躍を快く思わない人がいます。相手にせず、淡々と自分の責務を果たしましょう。

邪道に染まらず正道をしっかり歩んでいきましょう。

●三月の方位

今月の吉方位	吉→庚、辛
3月の幸運数	5、8、0
幸運色	ブラック

●吉日と注意日

16日	15土	14金	13木	12水	11火	10月	9日	8土	7金	6木	5水	4火	3月	2日	1土
◎	○	△	○	▲	△	△	◎	○	◎	○	△	○	▲	△	△
	31月	30日	29土	28金	27木	26水	25火	24月	23日	22土	21金	20木	19水	18火	17月
	○	▲	△	△	◎	○	◎	○	△	○	▲	△	△	◎	○

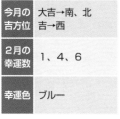

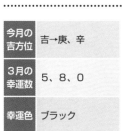

四月 運勢

四月四日清明の節より
月命庚辰　九紫火星の月
暗剣殺　南の方位

今月は仕事を中心に据える覚悟で生活を組み立てていきましょう。仕事で充足感を味わえる幸運な月です。努力以上の成果が手に入る可能性もあります。希望した案件が手に入ることもありますし、重い任務を与えられることも出てきます。いずれの場合でも率先して取り組んでいきましょう。

●四月の方位

今月の吉方位	大吉→東
4月の幸運数	3、4、8
幸運色	レッド

●吉日と注意日

16水	15火	14月	13日	12土	11金	10木	9水	8火	7月	6日	5土	4金	3木	2水	1火
△	△	◎	○	◎	○	△	○	▲	△	△	◎	○	◎	○	△
	30水	29火	28月	27日	26土	25金	24木	23水	22火	21月	20日	19土	18金	17木	
	◎	○	△	○	▲	△	△	◎	○	◎	○	△	○	▲	

五月 運勢

五月五日立夏の節より
月命辛巳　八白土星の月
暗剣殺　東北の方位

プライベートでの喜びや楽しみが多くなります。私生活が充実する反面、仕事への意欲が半減しますので、公私のバランスを上手に取ることが今月の課題になります。金銭の収支バランスにも注意を払いましょう。

独身者は相手が現れる機会に恵まれる月です。恋愛は行動力が一番です。

●五月の方位

今月の吉方位	大吉→東南 吉→南、北
5月の幸運数	3、5、8
幸運色	ダークグリーン

●吉日と注意日

16金	15木	14水	13火	12月	11日	10土	9金	8木	7水	6火	5月	4日	3土	2金	1木
△	○	▲	△	△	◎	○	◎	○	△	○	▲	△	△	◎	○
	31土	30金	29木	28水	27火	26月	25日	24土	23金	22木	21水	20火	19月	18日	17土
	△	△	◎	○	◎	○	△	○	▲	△	△	◎	○	◎	○

六月 運勢

六月五日芒種の節より
月命壬午　七赤金星の月
暗剣殺　西の方位

難しい月に回座しています。吉凶が強く現れる五黄土星という宮に同会しているのです。吉に出た場合は夢のような成果が得られますが、裏目に出た場合は凶現象も強いものがあります。凶現象を防ぐには、当初に立てた計画を忠実に遂行するのが最善策です。慎重に一つ一つを手順通りに成し遂げていきましょう。

●六月の方位

今月の吉方位	大吉→東南 吉→壬、癸
6月の幸運数	5、7、0
幸運色	シルバー

●吉日と注意日

16月	15日	14土	13金	12木	11水	10火	9月	8日	7土	6金	5木	4水	3火	2月	1日
◎	○	◎	○	△	○	▲	△	△	◎	○	◎	○	△	○	▲
		30月	29日	28土	27金	26木	25水	24火	23月	22日	21土	20金	19木	18水	17火
		△	△	▲	○	△	○	◎	◎	○	△	○	▲	△	△

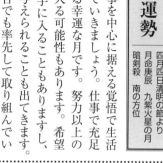

七月 運勢

七月七日小暑の節より
月命癸未　六白金星の月
暗剣殺　西北の方位

上司や年配の人からの助力を受けやすい月です。礼儀をきちんとわきまえましょう。相手を尊敬する気持ちが薄れては助言助力が上手く活用できません。また一時的な失敗を恐れずに絶えず前向きに努力目標に向かっていく姿勢が、周囲の共感を呼び起こします。問題は小さなうちに迅速に解決することが大事です。

●七月の方位

今月の吉方位	吉→東
7月の幸運数	1、4、9
幸運色	ホワイト

●吉日と注意日

16 水	15 火	14 月	13 日	12 土	11 金	10 木	9 水	8 火	7 月	6 日	5 土	4 金	3 木	2 水	1 火
▲	○	△	○	◎	○	◎	△	△	▲	○	△	○	◎	○	◎
	31 木	30 水	29 火	28 月	27 日	26 土	25 金	24 木	23 水	22 火	21 月	20 日	19 土	18 金	17 木
	○	◎	○	◎	△	△	▲	○	△	○	◎	○	◎	△	△

八月 運勢

八月七日立秋の節より
月命甲申　五黄土星の月
暗剣殺　なし

衰運の月に回座しています。無理に前進しようとせず、目前の仕事に集中するのが良いです。焦点を絞り一点に集中すると、今まで見えなかったものが見えてきます。現在地を見据えて自分を見つめることが重要です。現状把握の時なのです。機が熟せば、人は自然と前を向いて歩きたくなるものです。

●八月の方位

今月の吉方位	大吉→西、戌、乾 吉→東、東南
8月の幸運数	2、4、9
幸運色	ワインレッド

●吉日と注意日

16 土	15 金	14 木	13 水	12 火	11 月	10 日	9 土	8 金	7 木	6 水	5 火	4 月	3 日	2 土	1 金
○	◎	△	△	▲	○	△	○	◎	○	◎	△	△	▲	○	△
	31 日	30 土	29 金	28 木	27 水	26 火	25 月	24 日	23 土	22 金	21 木	20 水	19 火	18 月	17 日
	△	▲	○	△	○	◎	○	◎	△	△	▲	○	△	○	◎

九月 運勢

九月七日白露の節より
月命乙酉　四緑木星の月
暗剣殺　東南の方位

順調に進んでいた案件に障害が起きやすい月です。平常心を失わず冷静に対処すれば、回復も早くなります。今月は結論を急がないようにしましょう。今月に実を結ばなくても努力は蓄積されます。

身嗜みや言動にも注意を払いましょう。他者に不快感を与えては仕事も上手くいきません。

●九月の方位

今月の吉方位	大吉→西
9月の幸運数	5、7、0
幸運色	グレー

●吉日と注意日

16 火	15 月	14 日	13 土	12 金	11 木	10 水	9 火	8 月	7 日	6 土	5 金	4 木	3 水	2 火	1 月
○	△	○	◎	○	◎	△	△	▲	○	△	○	◎	○	◎	△
		30 火	29 月	28 日	27 土	26 金	25 木	24 水	23 火	22 月	21 日	20 土	19 金	18 木	17 水
		○	◎	△	△	▲	○	△	○	◎	○	◎	△	△	▲

十月 運勢

十月八日寒露の節より
月命丙戌　三碧木星の月
暗剣殺　東の方位

油断のならない月を迎えています。今月は最凶殺があなたの星の上に付いています。緊張感を切らさないことです。斬新な企画やアイディアが生まれたりします。記録に残して、後の月に実行できるように計画しておくと良いでしょう。最凶殺はいずれ過ぎます。吉運月に実行に移せるように準備しておきましょう。

●十月の方位

今月の吉方位	大吉→南 吉→戌、乾
10月の幸運数	2、7、8
幸運色	ダークパープル

●吉日と注意日

1	2	3	4	5	6	7	8	9	10	11	12	13	14	15	16
水	木	金	土	日	月	火	水	木	金	土	日	月	火	水	木
◎	○	△	○	▲	△	△	◎	○	◎	○	△	○	▲	△	△

17	18	19	20	21	22	23	24	25	26	27	28	29	30	31
金	土	日	月	火	水	木	金	土	日	月	火	水	木	金
◎	○	◎	○	△	○	▲	△	△	◎	○	◎	○	△	○

十一月 運勢

十一月七日立冬の節より
月命丁亥　二黒土星の月
暗剣殺　西南の方位

絶好調の時を迎えています。温めていた計画があれば即実行に移しましょう。優柔不断で実行期を逸しては好企画も色あせてしまいます。

小さな事にも気配りを忘れない心遣いが成否を分けます。小さなほころびから事が成就しない例はよく見られます。今月築いた人間関係を大事にしましょう。

●十一月の方位

今月の吉方位	大吉→南、北 吉→西
11月の幸運数	1、3、9
幸運色	ライトブルー

●吉日と注意日

1	2	3	4	5	6	7	8	9	10	11	12	13	14	15	16
土	日	月	火	水	木	金	土	日	月	火	水	木	金	土	日
▲	△	△	◎	○	◎	○	△	○	▲	△	△	◎	○	◎	○

17	18	19	20	21	22	23	24	25	26	27	28	29	30
月	火	水	木	金	土	日	月	火	水	木	金	土	日
△	○	▲	△	△	◎	○	◎	○	△	○	▲	△	△

十二月 運勢

十二月七日大雪の節より
月命戊子　一白水星の月
暗剣殺　北の方位

いろいろな事案がいっぺんに押し寄せてくる勢いです。軽重を図り手際よく処理していきましょう。先に延ばしてもよさそうな案件は後に回して喫緊の問題を早急に片付けてしまうのがコツです。

前月築いてきた人間関係をさらに大事にしましょう。この世の中は人とのつながりで成り立っています。

●十二月の方位

今月の吉方位	吉→西
12月の幸運数	7、8、0
幸運色	イエロー

●吉日と注意日

1	2	3	4	5	6	7	8	9	10	11	12	13	14	15	16
月	火	水	木	金	土	日	月	火	水	木	金	土	日	月	火
◎	○	◎	○	△	○	▲	△	△	◎	○	◎	○	△	○	▲

17	18	19	20	21	22	23	24	25	26	27	28	29	30	31
水	木	金	土	日	月	火	水	木	金	土	日	月	火	水
△	△	◎	○	○	◎	△	△	▲	○	△	○	◎	○	◎

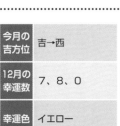

二《じ》黒《こく》土《ど》星《せい》

結実期

方位吉凶図

吉方

本年は相生する九紫火星が回座する東方位、六白金星が回座する北方位が吉方位となります。月別の吉方は毎月の運勢欄をご覧ください。

凶方

本年は五黄土星が回座する東北方位が五黄殺、反対側の八白土星が回座する西南方位が暗剣殺の大凶方位となります。二黒土星は中宮に回座するので本命殺、本命的殺はありません。本年の十二支である巳の反対側、亥の方位が歳破で大凶方位です。月別の凶方は毎月の運勢欄をご覧ください。

今年の運勢の変化と指針

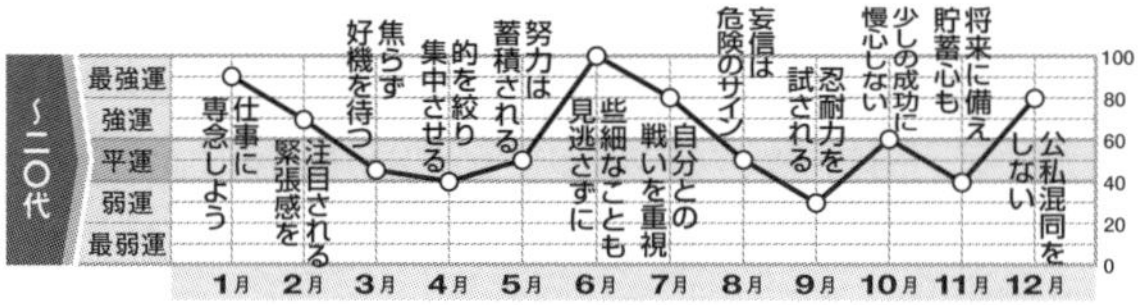

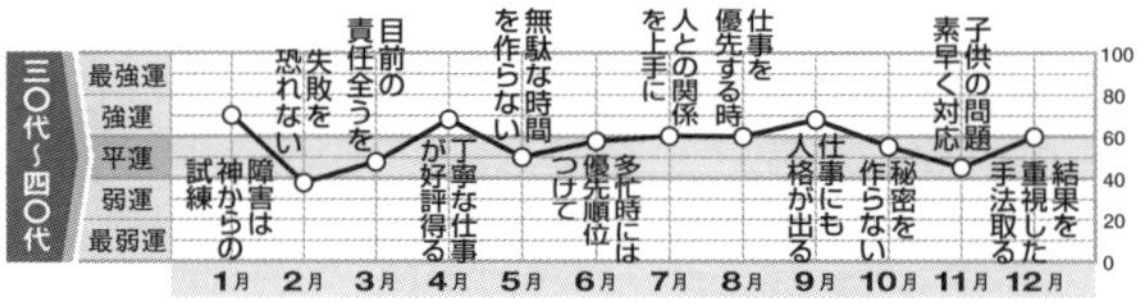

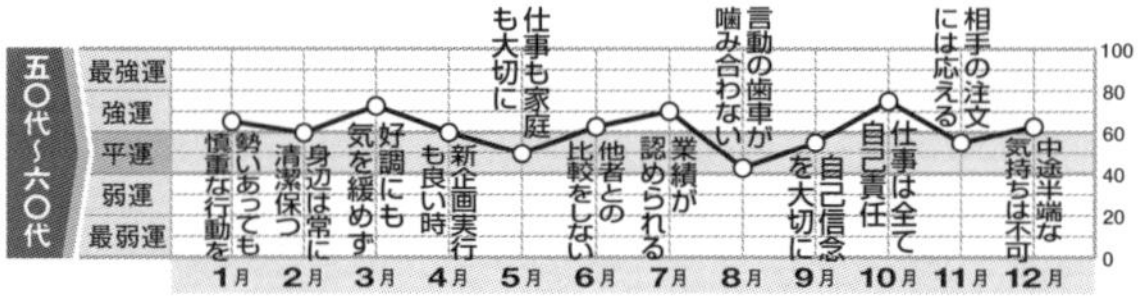

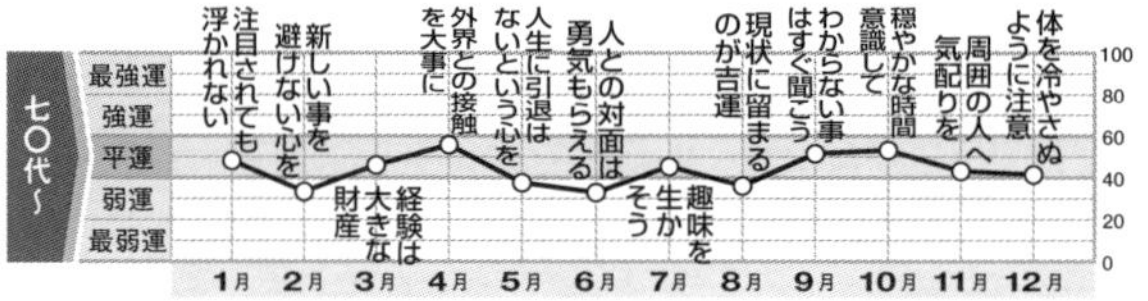

●本年、あなたの本命星である二黒土星は中宮《ちゅうぐう》に回座しています。仕事でもプライベートでも他者からの依頼事や相談など種々雑多な用件が舞い込んでくるはずです。手順を考えて手際よく対処しましょう。まめに動くことを嫌がらないあなたでも目が回る忙しさを味わうことでしょう。神はその人の手に負えないほどの困難を与えないと潔く割り切って楽しんで対処すると、意外と好結果につながります。

●中央に巡ってきた時は五黄土星と同会することになり、予想外の大きな役割を与えられることがあります。しり込みするのではなくチャンスを与えられたと考えて全力を出してぶつかりましょう。達成の暁には別の世界が見えてくるはずです。

●あなたの定位置である坤宮《こんきゅう》に八白土星が回座し被同会しています。この八白土星に暗剣殺という大凶殺が付いていますので、最後まで気を抜かずに進みましょう。

適職

農業、不動産業、建築・土木業、陶磁器業、古物販売業、レストラン業、産婦人科、婦人用品販売ストア、胃腸クリニック、会社補佐役、シルバー産業、米屋等

年齢別１年間の運勢指針

当歳（令和7年　乙巳）	保守的で賢い子供さんになる気配があります。優しくおおらかに育てることを心掛けましょう。
9歳（平成28年　丙申）	活発ですが、慎重な反面一瞬気が抜けるようなところがあります。無謀な行動には気を付けてあげましょう。
18歳（平成19年　丁亥）	法律上は大人として扱われるのです。自覚を持って自分の人生を切り開いていきましょう。
27歳（平成10年　戊寅）	不規則な生活習慣を身に付けてしまうと、後の人生に苦労が待っています。生活習慣病は油断なりません。
36歳（平成元年・昭和64年　己巳）	もう少し挑戦の気概を持ち続けて前進しましょう。前進する先に、違った世界が開けてくるはずです。
45歳（昭和55年　庚申）	優柔不断では好機を逃し部下からも信頼をなくしてしまいます。決断は素早く的確に下しましょう。
54歳（昭和46年　辛亥）	仕事にも投機的決断が必要な事態があり得ます。勇気と責任は自分が持つ気持ちでぶつかりましょう。
63歳（昭和37年　壬寅）	先が見え始めると目標を見失いがちになります。新たな目標を定めて前進の気を絶やさずに。
72歳（昭和28年　癸巳）	この先何かをするなら、軽い肉体労働もよいでしょう。何かをやろうとする意欲を失わない気力が大事です。
81歳（昭和19年　甲申）	少しの油断から大事に至ることが多々あります。行動には絶対安全を心掛けましょう。
90歳（昭和10年　乙亥）	直感で生きてきたあなたでも甘い投資話や振り込め詐欺には十分に気を付けましょう。
99歳（昭和元年・大正15年　丙寅）	百歳という記念すべき年齢が目前になりました。規則正しく生活して健康長寿を目指しましょう。

●今年の健康運

本年は体の調子が良い時と悪い時が交互に訪れます。疾患は体全体に及びますので、こんなところが悪くなるのかと思うような事態も予想されます。以前に病気をして持病を持っている人は特に再発がないように気配りをしてください。特に二月や十一月の体が冷えた時に再発しやすいです。十分に警戒をして、無事に過ごせるように気配りをしましょう。

●今年の金銭運

本年は中宮《ちゅうぐう》に座すことは五黄土星に同会することを意味します。金銭運は波乱含みとなる傾向があります。親和している時は順調な金運を示しますが、反発を起こすと金運は最低まで下降してしまいます。一攫千金などを狙ってはいけないでしょう。堅実な金銭感覚で過ごすのが重要な星回りです。相手にもきちんと利益をもたらすという気持ちが大切です。

●今年の恋愛運

本年の恋愛運は波があります。身近に恋愛の相手がいる時は急速に接近します。今一度自分の職場や出入りする場所に注意を向けてみてください。少し年齢の高い仕事仲間の中に生涯を共にする相手がいるかもしれません。

西南方位や東北方位からの相手には注意が必要です。また東南方位の相手は健康状態をよく観察しましょう。

一月 運勢

一月五日小寒の節より
月命丁丑　三碧木星の月
暗剣殺　東の方位

好調な年明けです。計画は念入りに練っておきましょう。仕事始めから即実行できる計画にしましょう。目先の成否に一喜一憂するのではなく、一年という期間で考えましょう。年下の男性に迷惑をかけられる暗示があります。事前に予知していれば対処法も見えてきます。大きな気持ちを持って構えることが大切です。

●一月の方位

今月の吉方位	大吉→申、坤 中吉→北 吉→南、東北
1月の幸運数	1、6、9
幸運色	コバルトブルー

●吉日と注意日

16 木	15 水	14 火	13 月	12 日	11 土	10 金	9 木	8 水	7 火	6 月	5 日	4 土	3 金	2 木	1 水
○	◎	○	◎	○	▲	○	▲	△	○	◎	○	◎	○	▲	○
	31 金	30 木	29 水	28 火	27 月	26 日	25 土	24 金	23 木	22 水	21 火	20 月	19 日	18 土	17 金
	◎	○	▲	○	▲	△	○	◎	○	◎	○	▲	○	▲	△

二月 運勢

二月三日立春の節より
月命戊寅　二黒土星の月
暗剣殺　西南の方位

仕上がりに多少時間がかかっても、正確性を重視した方策を取りましょう。拙速でのやり直しは時間と労力の浪費になります。また周囲との協調精神を忘れずに持ち、独善に陥らないようにしましょう。面倒だと思っても周囲の意見を調整して遂行していくほうが、長期的に見た場合好結果につながるものです。

●二月の方位

今月の吉方位	大吉→東 吉→南、北
2月の幸運数	5、8、0
幸運色	ブラック

●吉日と注意日

16 日	15 土	14 金	13 木	12 水	11 火	10 月	9 日	8 土	7 金	6 木	5 水	4 火	3 月	2 日	1 土
▲	○	▲	△	○	◎	○	◎	○	▲	○	▲	△	○	◎	○
				28 金	27 木	26 水	25 火	24 月	23 日	22 土	21 金	20 木	19 水	18 火	17 月
				○	◎	○	▲	○	▲	△	○	◎	○	◎	○

三月 運勢

三月五日啓蟄の節より
月命己卯　一白水星の月
暗剣殺　北の方位

一意専心の気持ちで仕事に邁進しましょう。この月の努力次第では名誉も地位も手に入れることができるかもしれない、幸運な月です。忙しくても仕事を楽しみながらこなしていくのが好調を維持する秘訣でしょう。得意分野に絞って精進するのも良い方法でしょう。

悪口は言わないようにしましょう。

●三月の方位

今月の吉方位	中吉→東
3月の幸運数	3、4、8
幸運色	エメラルドグリーン

●吉日と注意日

16 日	15 土	14 金	13 木	12 水	11 火	10 月	9 日	8 土	7 金	6 木	5 水	4 火	3 月	2 日	1 土
○	▲	○	▲	△	○	◎	○	◎	○	▲	○	▲	△	○	◎
	31 月	30 日	29 土	28 金	27 木	26 水	25 火	24 月	23 日	22 土	21 金	20 木	19 水	18 火	17 月
	▲	△	○	◎	○	◎	○	▲	○	▲	△	○	◎	○	◎

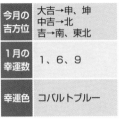

四月 運勢

四月四日清明の節より
月命庚辰　九紫火星の月
暗剣殺　南の方位

月の前半は好調が持続しますが、後半になると少し下降をたどります。大切な案件は前半に手掛けて終了させるのが賢明策です。不動産に携わっている人は、後半になるほど慎重に推進しましょう。

決断が一瞬遅れたために好機を逃してしまわぬように警戒しましょう。思い付きでの急な計画変更も避けましょう。

●四月の方位

今月の吉方位	中吉→東南
4月の幸運数	5、7、8
幸運色	ブルー

●吉日と注意日

1火	2水	3木	4金	5土	6日	7月	8火	9水	10木	11金	12土	13日	14月	15火	16水
○	▲	○	◎	○	◎	○	△	▲	○	▲	○	◎	○	◎	○
17木	**18金**	**19土**	**20日**	**21月**	**22火**	**23水**	**24木**	**25金**	**26土**	**27日**	**28月**	**29火**	**30水**		
△	▲	○	▲	○	◎	○	◎	○	△	▲	○	▲	○		

五月 運勢

五月五日立夏の節より
月命辛巳　八白土星の月
暗剣殺　東北の方位

万事に慎重さが要求される一瞬たりとも気が抜けない月です。結果を手にするまでは緊張感を緩めないことです。仕事は丁寧に処理していくことが重要です。平常心で計画通りに規則正しく推進することが災厄を逃れる最善策です。

人のために尽くすという奉仕の精神が、幸運をもたらすことでしょう。

●五月の方位

今月の吉方位	大吉→戌、乾 吉→東、東南
5月の幸運数	5、6、0
幸運色	ゴールド

●吉日と注意日

1木	2金	3土	4日	5月	6火	7水	8木	9金	10土	11日	12月	13火	14水	15木	16金
◎	○	◎	○	△	▲	○	▲	○	◎	○	◎	○	△	▲	○
17土	**18日**	**19月**	**20火**	**21水**	**22木**	**23金**	**24土**	**25日**	**26月**	**27火**	**28水**	**29木**	**30金**	**31土**	
▲	○	◎	○	◎	○	△	▲	○	▲	○	◎	○	◎	○	

六月 運勢

六月五日芒種の節より
月命壬午　七赤金星の月
暗剣殺　西の方位

今月は、事の善悪にかかわらず白黒をはっきり突きつけられます。日頃あまりほめられた生活をしてこなかった人には厳しい審判が下されるでしょう。

愛する人との別れがあるかもしれませんが、反対に生涯の伴侶となる人や気の許せる人との運命的な出会いもある星回りです。出会いを大切にしましょう。

●六月の方位

今月の吉方位	中吉→戌、乾 吉→東南
6月の幸運数	1、4、9
幸運色	ブラウン

●吉日と注意日

1日	2月	3火	4水	5木	6金	7土	8日	9月	10火	11水	12木	13金	14土	15日	16月
△	▲	○	▲	○	◎	○	◎	○	△	▲	○	▲	○	◎	○
17火	**18水**	**19木**	**20金**	**21土**	**22日**	**23月**	**24火**	**25水**	**26木**	**27金**	**28土**	**29日**	**30月**		
◎	○	△	▲	○	▲	○	○	▲	○	▲	△	○	◎		

七月 運勢

七月七日小暑の節より
月命癸未　六白金星の月
暗剣殺　西北の方位

運気低調な中にも華やかな雰囲気がある月です。仲間内での会食や会合の機会に恵まれるからです。運気は衰運気なので自重しながら進展させましょう。

若い女性の進言や何気ない一言が苦境を救ってくれることになります。いい加減に聞き流さないで耳を傾けてみましょう。

●七月の方位

今月の吉方位	中吉→西
7月の幸運数	2、4、9
幸運色	レッド

●吉日と注意日

16 水	15 火	14 月	13 日	12 土	11 金	10 木	9 水	8 火	7 月	6 日	5 土	4 金	3 木	2 水	1 火
△	▲	○	▲	○	◎	○	◎	○	△	▲	○	▲	○	◎	○
	31 木	30 水	29 火	28 月	27 日	26 土	25 金	24 木	23 水	22 火	21 月	20 日	19 土	18 金	17 木
	▲	○	◎	○	◎	○	△	▲	○	▲	○	◎	○	◎	○

八月 運勢

八月七日立秋の節より
月命甲申　五黄土星の月
暗剣殺　なし

自分の居場所に戻ってきたような安心感がある月です。思うようにいかない焦りを感じるかもしれませんが、腰を据えて進展させましょう。過程を見直しながら進行させていくのが最善策です。

人のおだてに乗らず自己信念を持ち、疑問に思うことは専門家や目上の人の意見を聞きながら解決していきましょう。

●八月の方位

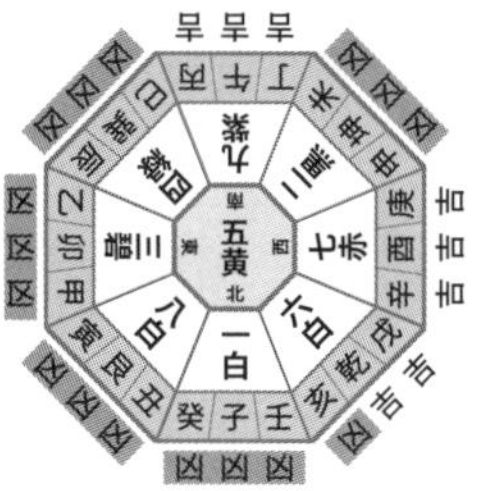

今月の吉方位	大吉→南 吉→西、戌、乾
8月の幸運数	5、6、7
幸運色	ホワイト

●吉日と注意日

16 土	15 金	14 木	13 水	12 火	11 月	10 日	9 土	8 金	7 木	6 水	5 火	4 月	3 日	2 土	1 金
◎	○	◎	○	△	▲	○	▲	○	◎	○	◎	○	△	▲	○
	31 日	30 土	29 金	28 木	27 水	26 火	25 月	24 日	23 土	22 金	21 木	20 水	19 火	18 月	17 日
	○	△	▲	○	▲	○	◎	○	◎	○	△	▲	○	▲	○

九月 運勢

九月七日白露の節より
月命乙酉　四緑木星の月
暗剣殺　東南の方位

前月とは一転して、明るく華やかな月を迎えています。今月は胸に秘めていた計画や企画があれば一気に実行に移しましょう。優柔不断でタイミングを逸しては時間のロスになります。事前に準備を固めて実行に移すと良いでしょう。

付き合う人の選択は慎重に。相談し合える相手は前向きな人が理想です。

●九月の方位

今月の吉方位	大吉→北 中吉→南
9月の幸運数	2、3、7
幸運色	パープル

●吉日と注意日

16 火	15 月	14 日	13 土	12 金	11 木	10 水	9 火	8 月	7 日	6 土	5 金	4 木	3 水	2 火	1 月
▲	○	▲	○	◎	○	◎	○	△	▲	○	▲	○	◎	○	◎
		30 火	29 月	28 日	27 土	26 金	25 木	24 水	23 火	22 月	21 日	20 土	19 金	18 木	17 水
		◎	○	◎	○	△	▲	○	▲	○	◎	○	◎	○	△

十月 運勢

十月八日寒露の節より
月命丙戌　三碧木星の月
暗剣殺　東の方位

どんなに簡単そうに見えても全力でぶつかる気持ちを忘れずに持ちましょう。馴れ合いや惰性で仕事に臨むと、小さなミスから大きな損失へとつながります。商取引では大きな商談が飛び込んできて、まとまる方向にあります。準備周到に努めましょう。交渉に当たってはあまりしゃべり過ぎないことが大事です。

●十月の方位

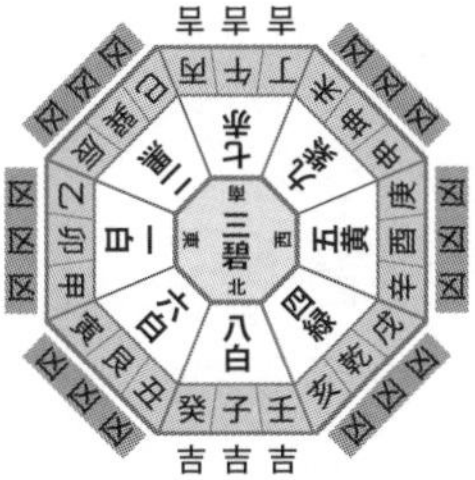

今月の吉方位	中吉→北 吉→南
10月の幸運数	1、3、6
幸運色	マリンブルー

●吉日と注意日

1 水	2 木	3 金	4 土	5 日	6 月	7 火	8 水	9 木	10 金	11 土	12 日	13 月	14 火	15 水	16 木
○	▲	○	▲	△	○	◎	○	◎	○	▲	○	▲	△	○	◎

17 金	18 土	19 日	20 月	21 火	22 水	23 木	24 金	25 土	26 日	27 月	28 火	29 水	30 木	31 金
○	◎	○	▲	○	▲	△	○	◎	○	◎	○	▲	○	▲

十一月 運勢

十一月七日立冬の節より
月命丁亥　二黒土星の月
暗剣殺　西南の方位

先月に引き続き忙しいのですが、思ったほど成果は期待できないかもしれません。人のために時間を割くことが多くなります。バランスを取りながら進展させましょう。自律神経のバランスを崩すと頭痛や倦怠感を引き起こすようです。日々の暮らしで吉凶があっても一喜一憂せず平常心を保つことが重要となります。

●十一月の方位

今月の吉方位	大吉→東 吉→南、北
11月の幸運数	2、5、8
幸運色	イエロー

●吉日と注意日

1 土	2 日	3 月	4 火	5 水	6 木	7 金	8 土	9 日	10 月	11 火	12 水	13 木	14 金	15 土	16 日
△	○	◎	○	◎	○	▲	○	▲	△	○	◎	○	◎	○	▲

17 月	18 火	19 水	20 木	21 金	22 土	23 日	24 月	25 火	26 水	27 木	28 金	29 土	30 日
○	▲	△	○	◎	○	◎	○	▲	○	▲	△	○	◎

十二月 運勢

十二月七日大雪の節より
月命戊子　一白水星の月
暗剣殺　北の方位

盛運の十二月を迎えていますが、今月は新規の事柄の実践は控えるほうが良いでしょう。集中できないまま新たな事柄を推進しても上手くいかないでしょう。今月は案を練り温めておいて、次なる吉運時に実行するのが良策です。

不言実行に徹し、あまり大きなことは口外せず目前の責務に尽力しましょう。

●十二月の方位

今月の吉方位	中吉→東
12月の幸運数	3、4、6
幸運色	グリーン

●吉日と注意日

1 月	2 火	3 水	4 木	5 金	6 土	7 日	8 月	9 火	10 水	11 木	12 金	13 土	14 日	15 月	16 火
○	◎	○	▲	○	▲	△	○	◎	○	◎	○	▲	○	▲	△

17 水	18 木	19 金	20 土	21 日	22 月	23 火	24 水	25 木	26 金	27 土	28 日	29 月	30 火	31 水
○	◎	○	◎	◎	○	◎	○	△	▲	○	▲	○	◎	○

三碧木星《さんぺきもくせい》

○ 熟成期

方位吉凶図

吉方

本年は相生する九紫火星が回座する東方位、四緑木星が回座する西方位が吉方となります。月別の吉方は毎月の運勢欄をご覧ください。

凶方

本年は五黄土星が回座する東北方位が五黄殺、反対側の八白土星が回座する西南方位が暗剣殺の大凶方位となります。三碧木星が回座する西北方位が本命殺、一白水星が回座する東南方位が本命的殺の大凶方位となります。本年の十二支である巳の反対側、亥の方位が歳破で大凶方位です。月別の凶方は毎月の運勢欄をご覧ください。

今年の運勢の変化と指針

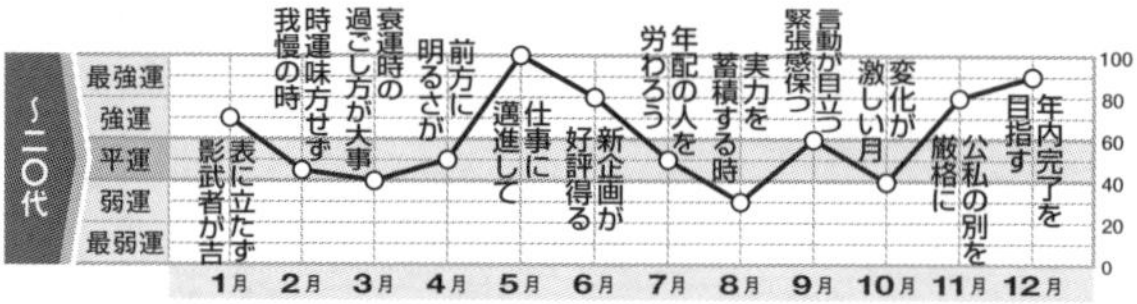

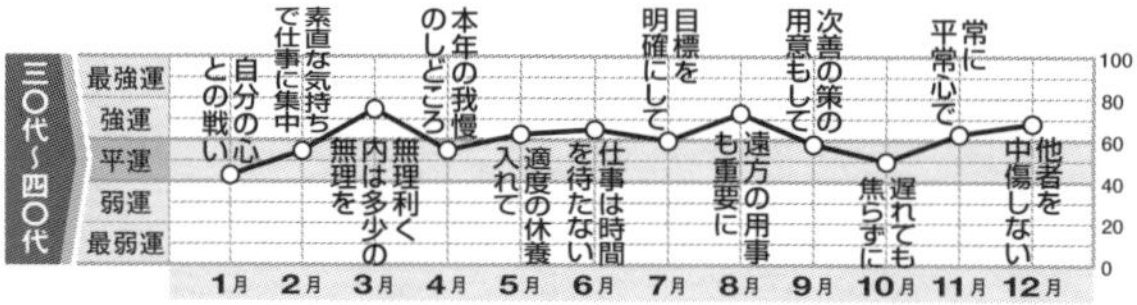

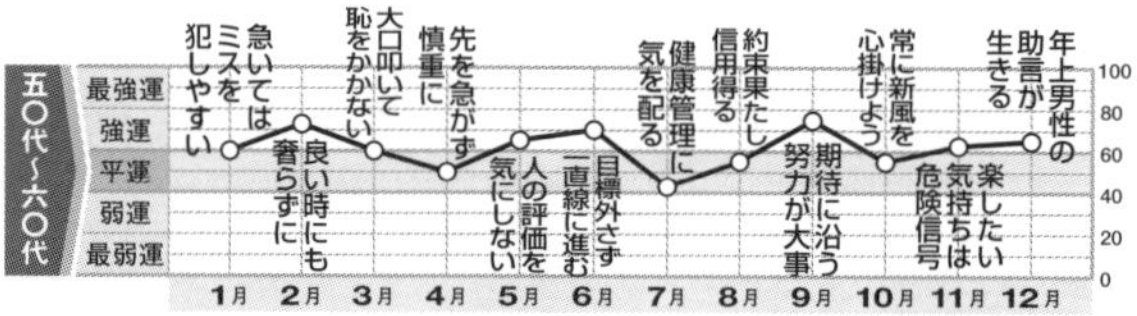

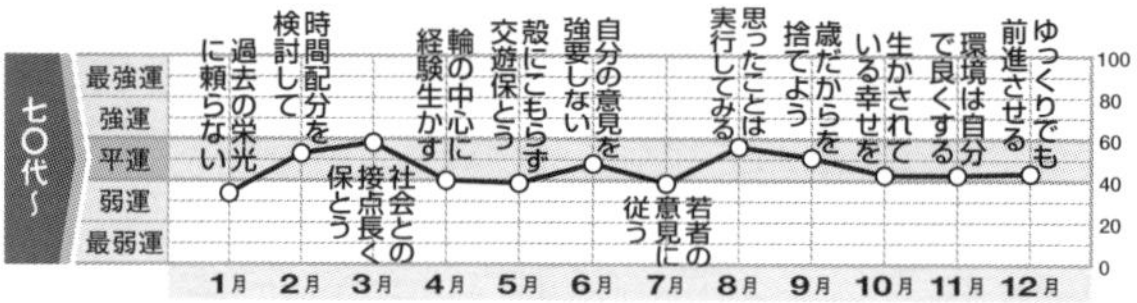

●本年、あなたの本命星の三碧木星は西北の乾宮《けんきゅう》に回座しています。陽気で勇気のあるあなたが今年は盛運を得て生き生きと活動できます。本年あなたに捧げるキーワードは「持続可能な努力」です。初めは周囲が目を見張る働きを示しますが、やがて気が抜けたように軽い行動になりがちです。緊張感を最後まで持続させれば、本年は大きな業績を積み上げることができます。

●この星回りの時には強力な援助者が現れやすいものです。上司からの引き立ても得られる時です。コツコツと積み上げていく精神を大切にして上昇していくのが吉策です。はやる気持ちを抑えて丁寧な仕上げを心掛けると、周囲の協力も得られて良い結果となります。上司や有識者の意見や忠告を素直に聞きましょう。本年は仕事に専念する気持ちで取り組みましょう。家族がある人は、仕事優先になることを事前に伝えておくと良いでしょう。

適職

音楽家、司会者、楽器商、ミュージシャン、タレント、落語家、情報通信産業、マスコミ情報関係、外科医、家庭園芸関係、銃砲店、青果商、エアロビクス・インストラクター等

年齢別1年間の運勢指針

年齢	運勢指針
1歳（令和6年 甲辰）	何でもなめて確認したがる時期です。口に入れても大丈夫かどうか注意して見ていてあげましょう。
10歳（平成27年 乙未）	自我も固まり始め、自分の世界に閉じこもりがちに。できるだけ友達と遊ぶようにしたいものです。
19歳（平成18年 丙戌）	環境の変化で戸惑っている人が多いかもしれません。新しい仲間を作って会話を重ねるのが一番の妙薬です。
28歳（平成9年 丁丑）	仲間より仕事の進捗が遅れても、焦る必要は全くありません。どんな生き方をしたかが問題なのです。
37歳（昭和63年 戊辰）	障害の多い年になりそうです。一つ一つ丁寧にこなしていくことが大事です。
46歳（昭和54年 己未）	人生の分岐点になりそうな年です。災害や障害はいつくるか分かりません。万全の心構えで臨みましょう。
55歳（昭和45年 庚戌）	万事慎重に推進していきましょう。軽率な言動を取って信頼を失うことがないように警戒しましょう。
64歳（昭和36年 辛丑）	雑多な用事に取り囲まれる時です。忙しくても一つ一つ丁寧に向き合うことが大切です。凡事徹底の精神で。
73歳（昭和27年 壬辰）	日々新たな気持ちで人生に向き合い、自己研鑽と社会貢献を考えながら生きていきましょう。
82歳（昭和18年 癸未）	今まで一生懸命に生きてきた自分を認め、今この瞬間を大事にしましょう。
91歳（昭和9年 甲戌）	少し不本意な年になりそう。話し方を変えたり趣味に打ち込んだりして、気分を変えてみましょう。
100歳（大正14年 乙丑）	この年齢まで生き抜くことは大変な努力の結果。もう少し生きる喜びを与え続けてください。

●今年の健康運

自由奔放に仕事をしたいあなたにとって、本年はストレスの多い年になります。上司や目上からの命令や忠告が多くなるため、これらが体調を壊す要因になります。少しくらい叱責されてもさらりと受け流し、気分を一新させましょう。また仕事量が大幅に増えるので、重要なものとそれほどではないものに分類してから手順良く処理を進めると良いでしょう。

●今年の金銭運

本年の金銭運は良好です。働けば働いた分だけ豊かになります。援助者を得ている人は応援してくれる人がさらに現れて、援助資金が増える兆候があります。仕事に身が入りますので自然と収入も増えます。投資をしている人も本年は好運に恵まれそうです。いずれの場合も日頃の精進がものを言います。自分が良ければという利己主義では上手くいきません。

●今年の恋愛運

今年の恋愛は活発に進展していきます。相手がいる人は発展的恋愛となり、相手がいない人には相手が現れる可能性があるチャンスの年です。生涯を共にする人は、赤い糸で結ばれているものです。ピンときたら、チャンス到来です。積極的にアタックしてみましょう。「吉凶は動より生じる」という易経の言葉もあります。動いてみなければ始まりません。

一月 運勢

一月五日小寒の節より
月命丁丑　三碧木星の月
暗剣殺　東の方位

お正月ののんびりした気分とは裏腹に何となく慌しい幕開けの月になりそうです。あまり表に出ずに裏方に回るという意識で過ごすのが得策です。

自我の強い性質を持っているあなたですが、今月は自我を抑え、黙々と不言実行に徹するのが最善策です。協調精神を忘れずに尽力すると吉運を招きます。

●一月の方位

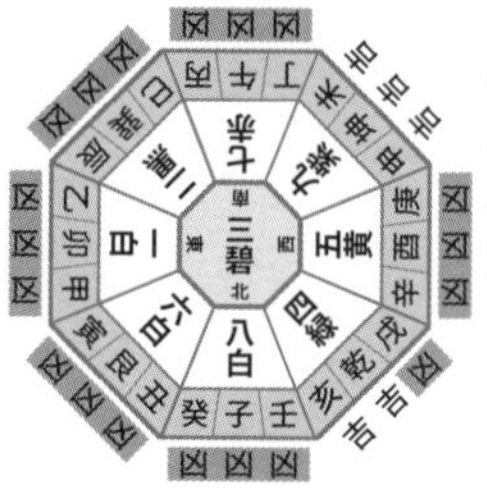

今月の吉方位	中吉→亥、乾 吉→西南
1月の幸運数	2、5、8
幸運色	イエロー

●吉日と注意日

16木	15水	14火	13月	12日	11土	10金	9木	8水	7火	6月	5日	4土	3金	2木	1水
○	○	◎	○	△	○	▲	△	○	○	○	◎	○	△	○	▲
	31金	30木	29水	28火	27月	26日	25土	24金	23木	22水	21火	20月	19日	18土	17金
	○	△	○	▲	△	○	○	○	◎	○	△	○	▲	△	○

二月 運勢

二月三日立春の節より
月命戊寅　二黒土星の月
暗剣殺　西南の方位

努力の結果が明確に形となって現れる月です。全力を出して責務を果たすのが最善策です。計画は具体的に実現可能なものを考えましょう。即実行できる計画が有効です。数字化ができるとなお良いでしょう。常に新たな挑戦の気持ちを大事にしましょう。以前は成功したからという安易な考えでは進歩できません。

●二月の方位

今月の吉方位	中吉→西 吉→東
2月の幸運数	3、4、9
幸運色	エメラルドグリーン

●吉日と注意日

16日	15土	14金	13木	12水	11火	10月	9日	8土	7金	6木	5水	4火	3月	2日	1土
○	▲	△	○	○	○	◎	○	△	○	▲	△	○	○	○	◎
				28金	27木	26水	25火	24月	23日	22土	21金	20木	19水	18火	17月
				◎	○	△	○	▲	△	○	○	○	◎	○	△

三月 運勢

三月五日啓蟄の節より
月命己卯　一白水星の月
暗剣殺　北の方位

先月とは違い、遊興の星が付いています。ともすれば職務を忘れて悦楽に身を任せるような雰囲気の月です。自制心を働かせましょう。人の幸せは良い仕事に巡り合うことと良き伴侶に恵まれることだといわれます。仕事はそれくらい重要な要素なのです。そして仕事が終わっても家族との団欒を大事にしましょう。

●三月の方位

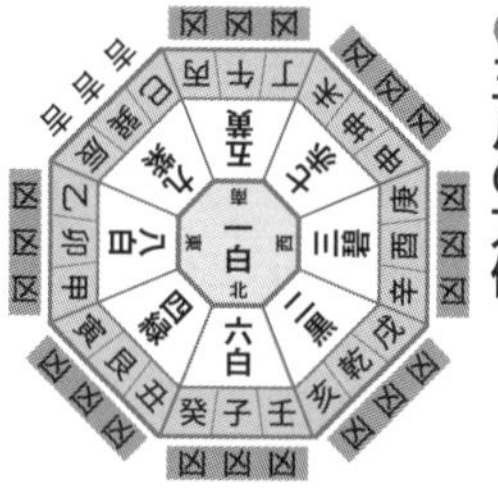

今月の吉方位	吉→東南
3月の幸運数	3、5、8
幸運色	グリーン

●吉日と注意日

16日	15土	14金	13木	12水	11火	10月	9日	8土	7金	6木	5水	4火	3月	2日	1土
△	○	▲	△	○	○	○	◎	○	△	○	▲	△	○	○	○
	31月	30日	29土	28金	27木	26水	25火	24月	23日	22土	21金	20木	19水	18火	17月
	△	○	○	○	◎	○	△	○	▲	△	○	○	○	◎	○

四月 運勢

四月四日清明の節より
月命庚辰　九紫火星の月
暗剣殺　南の方位

少しの油断がミスにつながりやすい時です。進捗状況が滞っても、焦ることなく前進を続けましょう。どんなことにも障害はあるものですが、障害への対処の仕方でその人の実力がわかるものです。障害を乗り越えた先に新たな展開が待ち受けているものです。果敢に挑戦するのが最良の選択肢なのです。

●四月の方位

今月の吉方位	大吉→乾
4月の幸運数	2、8、0
幸運色	ゴールド

●吉日と注意日

1	2	3	4	5	6	7	8	9	10	11	12	13	14	15	16
火	水	木	金	土	日	月	火	水	木	金	土	日	月	火	水
▲	○	△	○	◎	○	○	○	△	▲	○	△	○	◎	○	○

17	18	19	20	21	22	23	24	25	26	27	28	29	30
木	金	土	日	月	火	水	木	金	土	日	月	火	水
○	△	▲	○	△	○	◎	○	○	○	△	▲	○	△

五月 運勢

五月五日立夏の節より
月命辛巳　八白土星の月
暗剣殺　東北の方位

あなたの言動の一つ一つが注目される月になります。軽挙妄動を慎みましょう。軽口のつもりの一言が誤解を招かないように警戒しましょう。逆に、あなたの一言がきっかけとなって重大事が成し遂げられる場合があります。目の前の責務をきちんと果たすことによって得られる成果に今月は大きなものがあります。

●五月の方位

今月の吉方位	大吉→西 吉→戌、乾
5月の幸運数	1、4、9
幸運色	ホワイト

●吉日と注意日

1	2	3	4	5	6	7	8	9	10	11	12	13	14	15	16
木	金	土	日	月	火	水	木	金	土	日	月	火	水	木	金
○	◎	○	○	○	△	▲	○	△	○	◎	○	○	○	△	▲

17	18	19	20	21	22	23	24	25	26	27	28	29	30	31
土	日	月	火	水	木	金	土	日	月	火	水	木	金	土
○	△	○	◎	○	○	○	△	▲	○	△	○	◎	○	○

六月 運勢

六月五日芒種の節より
月命壬午　七赤金星の月
暗剣殺　西の方位

思ったようには進展しないので、気持ちが萎《な》えそうになります。そんな時は思い切って休息を取り、気力が充実するのを待ちましょう。

今月は、自分の中の得意分野の力を磨き上げるのにも良い時期です。できないことを数え上げず、得意な技能や知識を磨き上げる努力をするべきです。

●六月の方位

今月の吉方位	なし
6月の幸運数	2、4、9
幸運色	レッド

●吉日と注意日

1	2	3	4	5	6	7	8	9	10	11	12	13	14	15	16
日	月	火	水	木	金	土	日	月	火	水	木	金	土	日	月
○	△	▲	○	△	○	◎	○	○	○	△	▲	○	△	○	◎

17	18	19	20	21	22	23	24	25	26	27	28	29	30
火	水	木	金	土	日	月	火	水	木	金	土	日	月
○	○	○	△	▲	○	△	○	○	▲	△	○	○	○

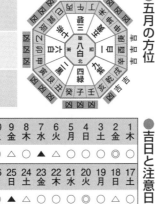

七月　運勢

七月七日小暑の節より
月命癸未　六白金星の月
暗剣殺　西北の方位

不運はいつも突然訪れるものです。人生には災難は付き物で、いつ起きるか予測できません。遭遇した時に冷静に対応する心構えができていれば、損失は最小限で済むものです。

一見難しそうな事柄でも、根気よくぶつかれば糸口は見つかります。朝が来ない夜はないのです。

●七月の方位

今月の吉方位	大吉→南 中吉→東
7月の幸運数	5、7、0
幸運色	グレー

●吉日と注意日

16 水	15 火	14 月	13 日	12 土	11 金	10 木	9 水	8 火	7 月	6 日	5 土	4 金	3 木	2 水	1 火
○	△	▲	○	△	○	◎	○	○	○	△	▲	○	△	○	◎
	31 木	30 水	29 火	28 月	27 日	26 土	25 金	24 木	23 水	22 火	21 月	20 日	19 土	18 金	17 木
	○	△	○	◎	○	○	○	△	▲	○	△	○	◎	○	○

八月　運勢

八月七日立秋の節より
月命甲申　五黄土星の月
暗剣殺　なし

幅広く他者の意見にも耳を貸しましょう。年長者の意見は、実際にはためになることが多いものです。経験できないことを知ることができる貴重な体験だと思って聞くと、気持ちが楽になると同時に自己上昇のきっかけにもなるものです。

「継続は力」。成果は努力の先にあるものです。

●八月の方位

今月の吉方位	大吉→北 中吉→東南 吉→南
8月の幸運数	2、3、7
幸運色	パープル

●吉日と注意日

16 土	15 金	14 木	13 水	12 火	11 月	10 日	9 土	8 金	7 木	6 水	5 火	4 月	3 日	2 土	1 金
○	◎	○	○	○	△	▲	○	△	○	◎	○	○	○	△	▲
	31 日	30 土	29 金	28 木	27 水	26 火	25 月	24 日	23 土	22 金	21 木	20 水	19 火	18 月	17 日
	○	○	△	▲	○	△	○	◎	○	○	○	△	▲	○	△

九月　運勢

九月七日白露の節より
月命乙酉　四緑木星の月
暗剣殺　東南の方位

注意のしどころが満載の月と言えます。非常に危険な状態にさらされています。冒険をせず日常の生活を規則正しく送ることを心掛けましょう。自分の利益だけではなく他者のためになる行動を起こすことで凶殺を避けることができます。

今月は、自分の利益になる儲け話には絶対に乗らないようにしましょう。

●九月の方位

今月の吉方位	吉→北
9月の幸運数	1、6、7
幸運色	ブルー

●吉日と注意日

16 火	15 月	14 日	13 土	12 金	11 木	10 水	9 火	8 月	7 日	6 土	5 金	4 木	3 水	2 火	1 月
△	▲	○	△	○	◎	○	○	○	△	▲	○	△	○	◎	○
		30 火	29 月	28 日	27 土	26 金	25 木	24 水	23 火	22 月	21 日	20 土	19 金	18 木	17 水
		○	◎	○	○	○	△	▲	○	△	○	◎	○	○	○

十月 運勢

十月八日寒露の節より
月命丙戌　三碧木星の月
暗剣殺　東の方位

地道な努力が実を結び、着実に結果を残すことができます。小さな成功を積み重ねることで大きな成果が得られるのも今月の特徴です。人生のビッグチャンスは、目前の責務を正確に遂行しているうちにある時、目の前に現れるものです。一生懸命精進する人に天が知恵を授けてくれるのかもしれません。

●十月の方位

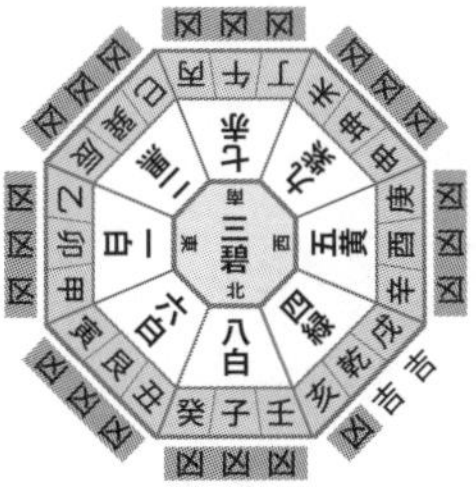

今月の吉方位	中吉→戌、乾
10月の幸運数	4、5、6
幸運色	ブラック

●吉日と注意日

1水	2木	3金	4土	5日	6月	7火	8水	9木	10金	11土	12日	13月	14火	15水	16木
△	○	▲	△	○	○	○	◎	○	△	○	▲	△	○	○	○

17金	18土	19日	20月	21火	22水	23木	24金	25土	26日	27月	28火	29水	30木	31金
◎	○	△	○	▲	△	○	○	○	◎	○	△	○	▲	△

十一月 運勢

十一月七日立冬の節より
月命丁亥　二黒土星の月
暗剣殺　西南の方位

雑念を払い仕事に専念しましょう。少しの成功に有頂天にならず、謙虚な姿勢を保つことが大切です。謙虚な姿勢を保つことにより周囲の協力も得られやすくなります。こじれた問題にも第三者の応援が得られやすくなります。

濡れ手に粟のような儲け話は警戒してください。

●十一月の方位

今月の吉方位	中吉→西 吉→東
11月の幸運数	3、4、8
幸運色	コバルトグリーン

●吉日と注意日

1土	2日	3月	4火	5水	6木	7金	8土	9日	10月	11火	12水	13木	14金	15土	16日
○	○	○	◎	○	△	○	▲	△	○	○	○	◎	○	△	○

17月	18火	19水	20木	21金	22土	23日	24月	25火	26水	27木	28金	29土	30日
▲	△	○	○	○	◎	○	△	○	▲	△	○	○	○

十二月 運勢

十二月七日大雪の節より
月命戊子　一白水星の月
暗剣殺　北の方位

一瞬のためらいが思わぬ波紋を呼んで誤解を招くことがあります。言動は明確にして曖昧な表現を避けましょう。決断を下す時は自信を持って行ないましょう。優柔不断での曖昧な態度は誤解を招く大きな要因ともなります。

風評はよく確認して、惑わされないようにしましょう。

●十二月の方位

今月の吉方位	吉→東南
12月の幸運数	5、6、7
幸運色	ダークグリーン

●吉日と注意日

1月	2火	3水	4木	5金	6土	7日	8月	9火	10水	11木	12金	13土	14日	15月	16火
◎	○	△	○	▲	△	○	○	○	◎	○	△	○	▲	△	○

17水	18木	19金	20土	21日	22月	23火	24水	25木	26金	27土	28日	29月	30火	31水
○	○	◎	○	○	◎	○	○	○	△	▲	○	△	○	◎

四緑木星《しろくもくせい》

○ 収穫期

方位吉凶図

吉方

本年は相生する一白水星が回座する東南方位、三碧木星が回座する西北方位のうち、戌の方位と乾の方位が吉方となります。月別の吉方は毎月の運勢欄をご覧ください。

凶方

本年は五黄土星が回座する東北方位が五黄殺、反対の八白土星が回座する西南方位が暗剣殺の大凶方位になります。四緑木星が回座する西方位が本命殺、九紫火星が回座する東方位が本命的殺の大凶方位となります。本年の十二支である巳の方位の反対側の亥の方位が歳破で大凶方位です。月別の凶方は毎月の運勢欄をご覧ください。

今年の運勢の変化と指針

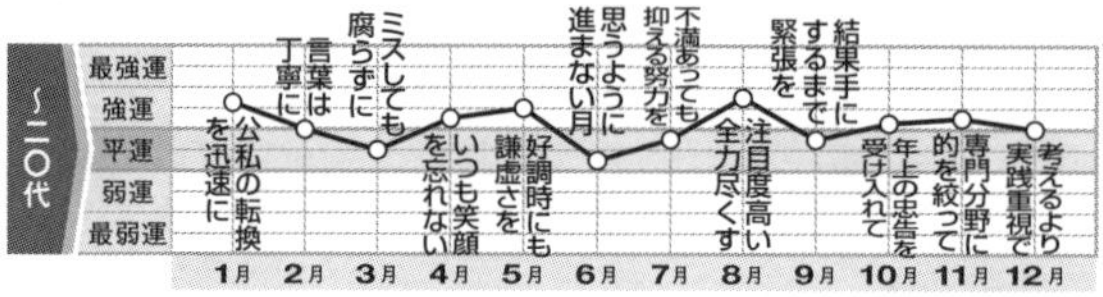

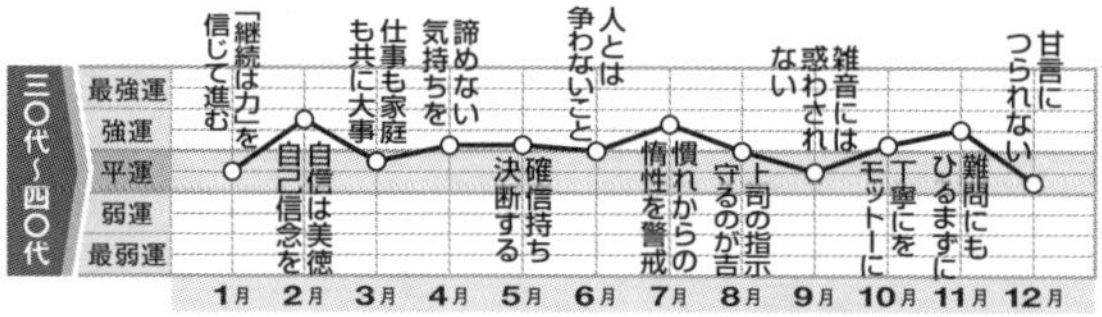

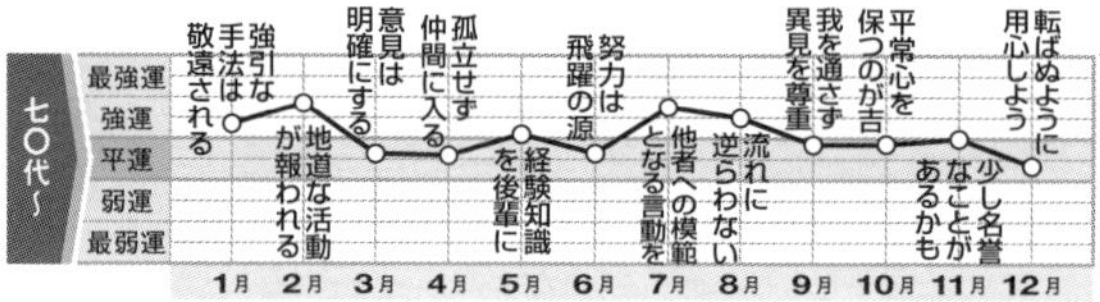

●本年、あなたの本命星の四緑木星は西の兌宮《だきゅう》に回座しています。収穫期という、熟成された果実を収穫する時期に入っています。仕事に没頭する緊張感の年から一転して、遊興の機会が多くなる星回りに入ります。遊興が多くなれば心配なのが懐事情です。金銭運が良い年回りとはいえ、収支バランスはきちんと取りましょう。使い過ぎて後々苦しむことがないように用心しましょう。

●良いと思ったことはすぐに実行するのが吉策です。一見強気に見えるあなたですが、いざという時に実行を躊躇して好機を逃してしまいがちです。即実行を心掛けましょう。

●恋愛に関しては、あなたの定位置である巽宮《そんきゅう》に一白水星が回座し被同会しています。秘密の恋・不倫という悪い象意《しょうい》が裏に隠されています。深みにはまって人生を棒に振ったり大きな傷跡を心に残したりしないように自制心を働かせましょう。

適職

木材販売業、運送業、通信業務、観光旅行業、輸出入業者、マスコミ・マスメディア業、民芸加工業、サービス業、飲食業、アパレル産業、フリーター、スタイリスト等

年齢別１年間の運勢指針

2歳（令和5年 癸卯）	知恵の発達とともに動き回る範囲も大幅に広がります。気持ちを入れて見守りましょう。
11歳（平成26年 甲午）	体調の良い悪いは誰にでもあります。周囲の大人が気を配って注意してあげましょう。
20歳（平成17年 乙酉）	この年頃は頭であれこれ考えて、できない自分を責めたりします。いったん頭を空っぽにしてみましょう。
29歳（平成8年 丙子）	自分自身が半端な立場にいると感じる時。誰でも通る通過儀礼と割り切り、自身の目標を目指してください。
38歳（昭和62年 丁卯）	仕事の喜びも遊興の喜びも同時に味わう年回りです。行き詰まった時は気の充足を待つことも必要でしょう。
47歳（昭和53年 戊午）	運気は少し下降した状況にあります。ゆっくりでも目標に近づく努力を続けましょう。
56歳（昭和44年 己酉）	ビジネスは論理の上に成り立つもの。人とのつながりにはその人の人格が現れます。私情に流されず正道を。
65歳（昭和35年 庚子）	気の流れが少し下降線をたどりつつあります。一時的に落ち込んでも再浮上の気の流れは巡ってきます。
74歳（昭和26年 辛卯）	生きてきた証をもっと感じたいなら、社会貢献への方策を考えてみると良いでしょう。
83歳（昭和17年 壬午）	これからは後に続く人たちに経験知識を上手に伝える活動をしてみましょう。
92歳（昭和8年 癸酉）	生きていく上で必要なことは何かをもう一度問いかけ、自分自身に気合を入れて周囲と融合を試みましょう。
101歳（大正13年 甲子）	根気よく頑張ってきた努力の結晶が今日の栄ある姿でしょう。生きる喜びを次の世代に伝えてください。

●今年の健康運

規則正しい生活習慣を持っている人には、おおむね健康が約束されます。一方、不規則な生活を過ごしている人には大病の予兆があります。今年病気をすると手術が必要になるほどの重病にいたることも珍しくありません。特に心臓や肺に関係する疾患には注意が必要です。食生活の乱れや不規則な飲食は健康を害する大きな要因です。

●今年の金銭運

本年の金銭運は良いのですが、金銭管理をきちんとしないと、入っただけ出ていくことになります。出費の誘惑が多いのも一因です。また、まとまって大きな出費がある星回りでもあるのです。貯まる金銭運ではありませんが、入ってくるのは金銭運が良い状況。景気の良い時に締まりを良くして、将来のことも考えていれば、金銭運はついてきます。

●今年の恋愛運

本年は恋愛にもツキがあります。知り合ってとんとん拍子に結婚まで突き進むこともあります。今まで恋愛の対象とは思いもしなかった人への感情が芽生えて突き動かされたりします。赤い糸が鮮明になり、引き合う者どうしになります。恋愛でも金銭がたくさん出ていくことが多いですから、収支バランスを気にしながら楽しみましょう。

一月 運勢

一月五日小寒の節より
月命丁丑　三碧木星の月
暗剣殺　東の方位

年明け早々から大事な仕事が入ってきます。心の準備をしておきましょう。避けて通るのではなく果敢に挑戦してみましょう。自己を上昇させる好機と捉えて奮闘することです。難しいことを成し遂げた先に新たな世界が開けるものです。重要な地位にいる人でしたら、次世代へ引き継ぐ経験知識の蓄積にもなります。

●一月の方位

今月の吉方位	吉→申、坤
1月の幸運数	3、4、8
幸運色	グリーン

●吉日と注意日

1水	2木	3金	4土	5日	6月	7火	8水	9木	10金	11土	12日	13月	14火	15水	16木
△	▲	△	△	○	◎	○	◎	○	△	▲	△	△	○	◎	○

17金	18土	19日	20月	21火	22水	23木	24金	25土	26日	27月	28火	29水	30木	31金
◎	○	△	▲	△	△	○	◎	○	◎	○	△	▲	△	△

二月 運勢

二月三日立春の節より
月命戊寅　二黒土星の月
暗剣殺　西南の方位

今月は、私生活に喜びや楽しみなことがあります。本業に支障のないようにバランスを取って楽しむのが良いでしょう。

蓄えていた本当の実力が発揮でき、業績が大いに上がります。少し優柔不断なところがあるあなたですが、今月は良いと感じた時は迷うことなく迅速に実行に移しましょう。

●二月の方位

今月の吉方位	大吉→東南 中吉→戌、乾
2月の幸運数	3、5、8
幸運色	ブルー

●吉日と注意日

1土	2日	3月	4火	5水	6木	7金	8土	9日	10月	11火	12水	13木	14金	15土	16日
○	◎	○	◎	○	△	▲	△	△	○	◎	○	◎	○	△	▲

17月	18火	19水	20木	21金	22土	23日	24月	25火	26水	27木	28金
△	△	○	◎	○	◎	○	△	▲	△	△	○

三月 運勢

三月五日啓蟄の節より
月命己卯　一白水星の月
暗剣殺　北の方位

何か新しいことをやり始めたいという気持ちが働きます。慎重に計画を組み立ててから実行に移しましょう。障害が起きやすい月です。失敗を恐れては何もできなくなりますが、障害には早い対応が効果的です。

忠告をしてくれる友達は大切に。我欲を張らず、柔軟に対応していきましょう。

●三月の方位

今月の吉方位	中吉→庚、辛 吉→東南
3月の幸運数	2、5、0
幸運色	シルバー

●吉日と注意日

1土	2日	3月	4火	5水	6木	7金	8土	9日	10月	11火	12水	13木	14金	15土	16日
◎	○	◎	○	△	▲	△	△	○	◎	○	◎	○	△	▲	△

17月	18火	19水	20木	21金	22土	23日	24月	25火	26水	27木	28金	29土	30日	31月
△	○	◎	○	◎	○	△	▲	△	△	○	◎	○	◎	○

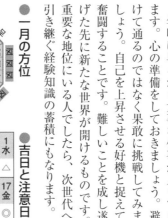

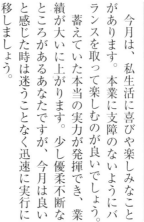

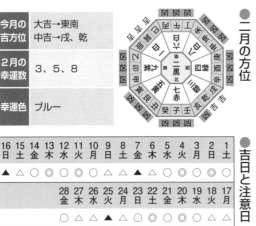

四月 運勢

四月四日清明の節より
月命庚辰　九紫火星の月
暗剣殺　南の方位

上司の引きたてもあり、一見順調に推移しそうな月ですが、油断は大敵です。結果を手にするまでは気を抜かずにいましょう。またどんなに簡単そうなことにも全力で対応しましょう。

マンネリを打破するには相当のエネルギーを要するものです。億劫がらずに果敢にチャレンジしてみましょう。

●四月の方位

今月の吉方位	大吉→乾
4月の幸運数	1、4、9
幸運色	ブラウン

●吉日と注意日

1	2	3	4	5	6	7	8	9	10	11	12	13	14	15	16
火	水	木	金	土	日	月	火	水	木	金	土	日	月	火	水
△	▲	△	△	○	◎	○	◎	○	△	▲	△	△	○	◎	○

17	18	19	20	21	22	23	24	25	26	27	28	29	30
木	金	土	日	月	火	水	木	金	土	日	月	火	水
◎	○	△	▲	△	△	○	◎	○	◎	○	△	▲	△

五月 運勢

五月五日立夏の節より
月命辛巳　八白土星の月
暗剣殺　東北の方位

衰運期にもかかわらず、何となく華やかな雰囲気の月です。そんな中でも今までの延長線上で継続的努力が効果的に働きます。今月の努力が将来への礎ともなる大事な時です。

仕事に行き詰まったら気楽に上司や同僚に声をかけてみましょう。案外簡単に解決策が見つかるかもしれません。

●五月の方位

今月の吉方位	大吉→西 吉→戌、乾
5月の幸運数	2、4、9
幸運色	レッド

●吉日と注意日

1	2	3	4	5	6	7	8	9	10	11	12	13	14	15	16
木	金	土	日	月	火	水	木	金	土	日	月	火	水	木	金
△	○	◎	○	◎	○	△	▲	△	△	○	◎	○	◎	○	△

17	18	19	20	21	22	23	24	25	26	27	28	29	30	31
土	日	月	火	水	木	金	土	日	月	火	水	木	金	土
▲	△	△	○	◎	○	◎	○	△	▲	△	△	○	◎	○

六月 運勢

六月五日芒種の節より
月命壬午　七赤金星の月
暗剣殺　西の方位

運気が定まらず不安定な月を迎えています。平常心を保つことが大切です。他者との比較ではなく自分との戦いであることを自覚しましょう。自己信念に従って筋を通していくのが良策です。今月は邪魔が入って予定通りに進捗しない傾向がありますが、当初の計画に従って推進させていきましょう。

●六月の方位

今月の吉方位	中吉→壬、癸
6月の幸運数	5、7、0
幸運色	イエロー

●吉日と注意日

1	2	3	4	5	6	7	8	9	10	11	12	13	14	15	16
日	月	火	水	木	金	土	日	月	火	水	木	金	土	日	月
◎	○	△	▲	△	△	○	◎	○	◎	○	△	▲	△	△	○

17	18	19	20	21	22	23	24	25	26	27	28	29	30
火	水	木	金	土	日	月	火	水	木	金	土	日	月
◎	○	◎	○	△	▲	△	△	▲	△	○	◎	○	◎

七月　運勢

七月七日小暑の節より
月命癸未　六白金星の月
暗剣殺　西北の方位

滞りがちだった物事が一気に動き始めます。時流に流されないように情勢を正しく把握しましょう。今月は変化が激しいです。小さな成功が大きく喧伝されて名誉を受けるかもしれません。今まで目立たなかった事柄が表面化して認められることもあるでしょう。

人との出会いを大切にしましょう。

●七月の方位

今月の吉方位	大吉→南
7月の幸運数	2、3、7
幸運色	パープル

●吉日と注意日

1火	2水	3木	4金	5土	6日	7月	8火	9水	10木	11金	12土	13日	14月	15火	16水
○	△	△	▲	△	○	◎	○	◎	○	△	△	▲	△	○	◎
17木	18金	19土	20日	21月	22火	23水	24木	25金	26土	27日	28月	29火	30水	31木	
○	◎	○	△	△	▲	△	○	◎	○	◎	○	△	△	▲	

八月　運勢

八月七日立秋の節より
月命甲申　五黄土星の月
暗剣殺　なし

盛運月です。自分のやりたいと思っていたことを自信を持って実行する時です。多少の紆余曲折はあっても最後には成果を手にすることができます。実行に際しては、正々堂々と行ないましょう。

穏やかな話しぶりが好感を呼び、信頼されます。信用は物事を実行し約束を守ることから生まれます。

●八月の方位

今月の吉方位	大吉→北 中吉→東 吉→南
8月の幸運数	1、6、7
幸運色	ブラック

●吉日と注意日

1金	2土	3日	4月	5火	6水	7木	8金	9土	10日	11月	12火	13水	14木	15金	16土
△	○	◎	○	◎	○	△	△	▲	△	○	◎	○	◎	○	△
17日	18月	19火	20水	21木	22金	23土	24日	25月	26火	27水	28木	29金	30土	31日	
△	▲	△	○	◎	○	◎	○	△	△	▲	△	○	◎	○	

九月　運勢

九月七日白露の節より
月命乙酉　四緑木星の月
暗剣殺　東南の方位

多くの人や物が周囲に集まり、心身ともに忙しさを味わう月になります。忙しい割に成果はさほど期待できません。古くから付き合いがある人を大切にすると幸運があります。

古い問題が蒸し返されて責められることがあるかもしれません。感情的にならず、丁寧に対応するのが良いです。

●九月の方位

今月の吉方位	吉→北
9月の幸運数	5、8、0
幸運色	ホワイト

●吉日と注意日

1月	2火	3水	4木	5金	6土	7日	8月	9火	10水	11木	12金	13土	14日	15月	16火
◎	○	△	△	▲	△	○	◎	○	◎	○	△	△	▲	△	○
17水	18木	19金	20土	21日	22月	23火	24水	25木	26金	27土	28日	29月	30火		
◎	○	◎	○	△	△	▲	△	○	◎	○	◎	○	△		

十月 運勢

十月八日寒露の節より
月命丙戌　三碧木星の月
暗剣殺　東の方位

目先の利益にこだわらず、将来を見据えた活動を心掛けましょう。我欲を強く前面に出さず、どうしたら周囲も良くなるだろうかと考えることです。周囲への気配りをこまめにして、周りの人たちを味方につける努力が大切です。独断専行が一番いけないことです。

人と争うことは運気を下げます。

●十月の方位

今月の吉方位	なし
10月の幸運数	1、3、9
幸運色	コバルトグリーン

●吉日と注意日

16木	15水	14火	13月	12日	11土	10金	9木	8水	7火	6月	5日	4土	3金	2木	1水
◎	○	◎	○	△	▲	△	△	○	◎	○	◎	○	△	▲	△
	31金	30木	29水	28火	27月	26日	25土	24金	23木	22水	21火	20月	19日	18土	17金
	○	△	▲	△	△	○	◎	○	◎	○	△	▲	△	△	○

十一月 運勢

十一月七日立冬の節より
月命丁亥　二黒土星の月
暗剣殺　西南の方位

人と協調していくことは大切ですが、八方美人的な態度では、真の協調とは言えないでしょう。自分なりの主義主張を持った言動が大事です。積んできた知識と経験を活用して実力を発揮しましょう。自信を持って立ち向かうところに進歩発展があります。先人の知恵を頼りにして指針とするのも良いでしょう。

●十一月の方位

今月の吉方位	大吉→辰、巽 中吉→戌、乾
11月の幸運数	2、5、8
幸運色	ダークグリーン

●吉日と注意日

16日	15土	14金	13木	12水	11火	10月	9日	8土	7金	6木	5水	4火	3月	2日	1土
▲	△	△	○	◎	○	◎	○	△	▲	△	△	○	◎	○	◎
		30日	29土	28金	27木	26水	25火	24月	23日	22土	21金	20木	19水	18火	17月
		◎	○	◎	○	△	▲	△	△	○	◎	○	◎	○	△

十二月 運勢

十二月七日大雪の節より
月命戊子　一白水星の月
暗剣殺　北の方位

物事が停滞して先に進まない時です。自分の能力を疑ったりするのはやめましょう。運勢の流れには良い時と悪い時があるものです。精神面の鍛錬の時と思い、明るい気持ちで前向きに進んでいくことです。仕事に遊びの感覚を取り入れて楽しんで仕事をすると、いつの間にか好転していきます。

●十二月の方位

今月の吉方位	中吉→西 吉→東南
12月の幸運数	5、6、7
幸運色	ゴールド

●吉日と注意日

16火	15月	14日	13土	12金	11木	10水	9火	8月	7日	6土	5金	4木	3水	2火	1月
◎	○	△	▲	△	△	○	◎	○	◎	○	△	▲	△	△	○
	31水	30火	29月	28日	27土	26金	25木	24水	23火	22月	21日	20土	19金	18木	17水
	○	△	△	▲	△	○	◎	○	◎	○	△	△	○	◎	○

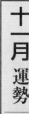

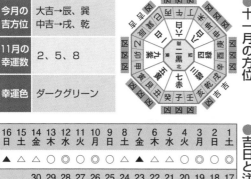

五《ご》黄《おう》土《ど》星《せい》

時空期

方位吉凶図

吉方

本年は相生する九紫火星が回座する東方位、六白金星が回座する南方位、七赤金星が回座する北方位が吉方となります。月別の吉方は毎月の運勢欄をご覧ください。

凶方

本年は五黄土星が回座する東北方位が五黄殺、反対側の八白土星が回座する西南方位が暗剣殺大凶方位になります。五黄土星が回座する東北方位が本命殺、反対側の八白土星が回座する西南方位が本命的殺方位で五黄殺、暗剣殺と重なる大凶方位になります。本年の十二支である巳の反対側、亥の方位が歳破で大凶方位です。月別の凶方は毎月の運勢欄をご覧ください。

今年の運勢の変化と指針

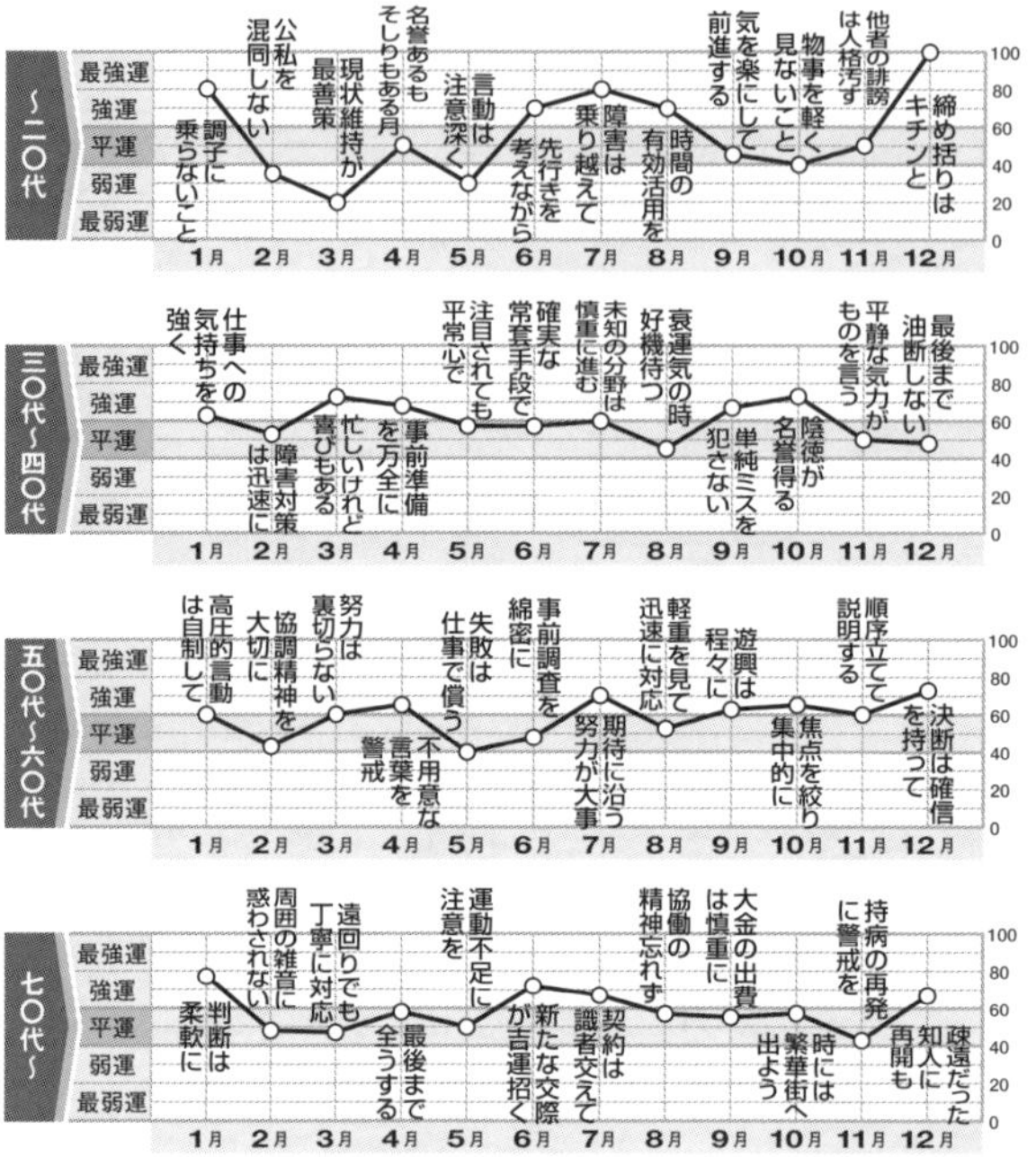

●本年、あなたの本命星である五黄土星は東北の艮《こん》宮《きゅう》に回座し、中宮《ちゅうぐう》に入った二黒土星に被同会されています。本年のあなたは、決まり通りの本業に励んで、目立たず勤勉に活動をしなさいと天から指示されています。ずっと好調な運気の年を過ごしてきましたが、本年は少し停滞の運気になります。停滞したからと言って悲観することはありません。今までやってきたことを継続的に推進していけば良いのです。旧習の悪いところを改善していけば、良好を得ることができます。

●新旧交代を表す星回りでもあります。旧態依然の悪習は改善すると、新たな展開が開けるでしょう。将来を大きく左右する出来事になる可能性もあります。今まであまり上手くいかなかった人も、変革のこの時期に計画を綿密に立てて起死回生の一手を打つことも有効です。何もしないで後悔するより、事を起こして改善策を図るほうが良いものです。

適職　政治家、宗教家、教育家、評論家、金融業、公務員、裁判官、土建業、自衛官、刑務官、医師、オークション業、葬儀社、解体業、プログラマー等

年齢別1年間の運勢指針

年齢	運勢指針
3歳（令和4年 壬寅）	気に入らないことがあると泣き叫ぶ子供は、何がしたいかを説明できる子。要求を聞いてあげることが大事。
12歳（平成25年 癸巳）	頭の中でいろいろと考えを巡らせていることでしょう。親はいつでもあなたの味方だという態度は大切です。
21歳（平成16年 甲申）	早く社会の風に当たりたいという気持ちが強いあなたも、社会の厳しさを垣間見る巡り合わせにあります。
30歳（平成7年 乙亥）	仕事と家庭の両立を求められそうです。家庭のある人は十分に将来のことを考えて臨みましょう。
39歳（昭和61年 丙寅）	成功を確信した事案に災厄が起きてご破算になる危険があります。慎重に推し進めることが大事です。
48歳（昭和52年 丁巳）	身辺が慌しく、何かと忙しい年になりそう。乗り越えた時には、一回り大きくなった自分が見えるはずです。
57歳（昭和43年 戊申）	自分の生き方に疑問が生じたら、何が人のためになるかを考えると気持ちが楽になります。
66歳（昭和34年 己亥）	立ち止まり一歩退いて振り返り、これからの人生を考える時です。休養も重要な一場面となります。
75歳（昭和25年 庚寅）	あなたの持ち味である人との関係を上手く保つ性質を今後も継続して周囲との調和を上手に取りましょう。
84歳（昭和16年 辛巳）	自分の生きたいように生きることは周囲の人にある種の犠牲を強いるものであるという自覚が大事です。
93歳（昭和7年 壬申）	物事を頭の中で論理的に解決しようとすると失敗します。理論や理屈の中の打算に気が付くと人は離れます。
102歳（大正12年 癸亥）	年齢を重ねると自己中心性が強くなると言われます。明るく接する人の周りに人は集まります。

●今年の健康運

本年の健康状態はぐずついた状況です。この星生まれのあなたは比較的健康で元気なので、知らないうちに無理を重ねてしまいがちです。無理を重ねないことと、疲労を感じたら休息を十分に取って体への気配りをすることです。体が重い、気分が悪いと感じた時は注意信号の点灯ととらえて体を労わりましょう。大病になる前に防ぐことが大切です。

●今年の金銭運

本年の金銭運は良いとは言えません。ただし、将来に備えて貯蓄をしようという意欲が自分の心の中に湧いてきます。金銭運には流通財運と個財運の二つがあり、個財運は蓄財運とも言われます。蓄財運が威力を発揮する年ということです。山林や不動産投資の話を持ち込まれることがあります。初めての人は用心をしてかかりましょう。

●今年の恋愛運

恋愛に関してはあまり縁がない年かもしれません。ただし、付き合っていた人との別れを最近経験した人は、新たな恋人が出現する可能性が高いです。本年は一日が夜から朝に替わる時、新旧が入れ替わる時という象意があります。交代期に紛れて良い方向へ運気を導きましょう。本年出会うのは比較的手堅い感じの人物です。

一月 運勢

一月五日小寒の節より
月命丁丑　三碧木星の月
暗剣殺　東の方位

意識しなくても友人知人の輪が広がっていきます。人に会うたびにつながりの縁が広がっていくでしょう。それに伴う出費も多くなるので、収支のバランスを考えた付き合いを心掛けましょう。相手に対する敬意を忘れないように注意してください。また意思決定は明確にして、曖昧な態度は取らないようにしましょう。

●一月の方位

今月の吉方位	大吉→申、坤 中吉→東南、北 吉→南、東北
1月の幸運数	3、5、8
幸運色	ホワイト

●吉日と注意日

16木	15水	14火	13月	12日	11土	10金	9木	8水	7火	6月	5日	4土	3金	2木	1水
◎	○	△	○	▲	△	○	◎	○	◎	○	△	○	▲	△	○
	31金	30木	29水	28火	27月	26日	25土	24金	23木	22水	21火	20月	19日	18土	17金
	○	▲	△	○	◎	○	◎	○	△	○	▲	△	○	◎	○

二月 運勢

二月三日立春の節より
月命戊寅　二黒土星の月
暗剣殺　西南の方位

新たな試みに気持ちが傾く時です。計画を入念に練って実行に移しましょう。運気の変化が激しい月です。計画実行に当たっては、成し遂げようとする心構えをしっかり確立して取り組みましょう。困難に遭遇した時に逃げずに果断に立ち向かう姿勢が大事です。経験者や先人の教えに倣ってみるのも有効でしょう。

●二月の方位

今月の吉方位	大吉→東 吉→南、北
2月の幸運数	2、5、8
幸運色	ゴールド

●吉日と注意日

16日	15土	14金	13木	12水	11火	10月	9日	8土	7金	6木	5水	4火	3月	2日	1土
△	○	◎	○	◎	○	△	○	▲	△	○	◎	○	◎	○	△
				28金	27木	26水	25火	24月	23日	22土	21金	20木	19水	18火	17月
				△	○	▲	△	○	◎	○	◎	○	△	○	▲

三月 運勢

三月五日啓蟄の節より
月命己卯　一白水星の月
暗剣殺　北の方位

勢いはあるのですが、自己本位に陥らないように注意しましょう。謙虚な姿勢でいると上司や目上の引き立てを得られる時です。周囲からも一目置かれる立場になります。あまり目立ち過ぎると反発する人も出てきますが、まわりに接する態度に相手を尊敬する気持ちがあれば、心配することはありません。

●三月の方位

今月の吉方位	大吉→東南 中吉→東、戌、乾
3月の幸運数	1、4、9
幸運色	ブラウン

●吉日と注意日

16日	15土	14金	13木	12水	11火	10月	9日	8土	7金	6木	5水	4火	3月	2日	1土
▲	△	○	◎	○	◎	○	△	○	▲	△	○	◎	○	◎	○
	31月	30日	29土	28金	27木	26水	25火	24月	23日	22土	21金	20木	19水	18火	17月
	◎	○	◎	○	△	○	▲	△	○	◎	○	◎	○	△	○

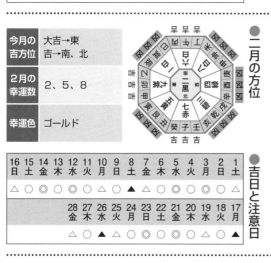

四月　運勢

四月四日清明の節より
月命庚辰　九紫火星の月
暗剣殺　南の方位

運気停滞の月ですが、周囲からの遊興の誘いが多い月です。衰運月なので程々にするのが賢明です。能力的に自分に足りないと思われるところを強化すると良い月です。あまり弱点を見つめて自分を責めたりせず、得意分野を伸ばすほうが有効でしょう。現状維持に努めて新規事には手出しをしないほうが良いです。

●四月の方位

今月の吉方位	中吉→東南、西 吉→東
4月の幸運数	2、4、9
幸運色	レッド

●吉日と注意日

16 水	15 火	14 月	13 日	12 土	11 金	10 木	9 水	8 火	7 月	6 日	5 土	4 金	3 木	2 水	1 火
◎	○	△	○	▲	△	○	◎	○	◎	○	△	○	▲	△	○
		30 水	29 火	28 月	27 日	26 土	25 金	24 木	23 水	22 火	21 月	20 日	19 土	18 金	17 木
		▲	△	○	◎	○	◎	○	△	○	▲	△	○	◎	○

五月　運勢

五月五日立夏の節より
月命辛巳　八白土星の月
暗剣殺　東北の方位

万事に慎重な対応が求められます。障害が起きた時は原因を丁寧に探り対処しましょう。普段の生活を規則正しくすることが運気を正常に保ちます。生活が乱れた時に最凶殺が襲ってきます。地道な精進が運気を良くしていきます。新しいことは来月に回すのが賢明です。

今月は手足の関節や腰の疾患に注意。

●五月の方位

今月の吉方位	大吉→戌、乾 吉→東、東南
5月の幸運数	5、7、0
幸運色	ブラック

●吉日と注意日

16 金	15 木	14 水	13 火	12 月	11 日	10 土	9 金	8 木	7 水	6 火	5 月	4 日	3 土	2 金	1 木
○	◎	○	◎	○	△	○	▲	△	○	◎	○	◎	○	△	○
	31 土	30 金	29 木	28 水	27 火	26 月	25 日	24 土	23 金	22 木	21 水	20 火	19 月	18 日	17 土
	◎	○	△	○	▲	△	○	◎	○	◎	○	△	○	▲	△

六月　運勢

六月五日芒種の節より
月命壬午　七赤金星の月
暗剣殺　西の方位

前月までの暗いイメージを一新するかのように明るく華やかな月になります。温めていた新規の計画があれば実行に移しても良いでしょう。動機に邪《よこしま》な考えがあると、途中で挫折します。公明正大な生き方を追求していきましょう。

気分が高揚してやる気に満たされますが、脳細胞や心臓に負担をかけます。

●六月の方位

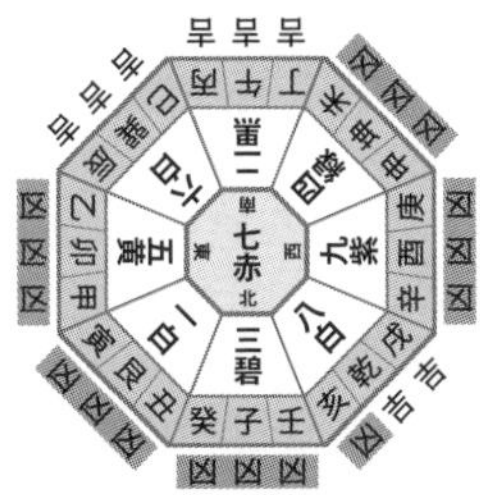

今月の吉方位	中吉→南、戌、乾 吉→東南
6月の幸運数	2、3、7
幸運色	パープル

●吉日と注意日

16 月	15 日	14 土	13 金	12 木	11 水	10 火	9 月	8 日	7 土	6 金	5 木	4 水	3 火	2 月	1 日
△	○	▲	△	○	◎	○	◎	○	△	○	▲	△	○	◎	○
		30 月	29 日	28 土	27 金	26 木	25 水	24 火	23 月	22 日	21 土	20 金	19 木	18 水	17 火
		○	◎	○	◎	○	△	▲	▲	△	○	◎	○	◎	○

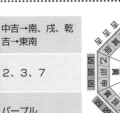

七月 運勢

七月七日小暑の節より
月命癸未　六白金星の月
暗剣殺　西北の方位

盛運期で、願望が早くにかなえられる可能性のある好運月です。しかし功を焦るあまり単純なミスを犯しがちです。過程を確認しながら丁寧に遂行していくことが重要です。周囲の人には誠心誠意で接するようにしましょう。

探求心が旺盛になりますが、他人の領域に入らないように注意を払いましょう。

●七月の方位

今月の吉方位	中吉→西、北
7月の幸運数	1、3、6
幸運色	ブルー

●吉日と注意日

16 水	15 火	14 月	13 日	12 土	11 金	10 木	9 水	8 火	7 月	6 日	5 土	4 金	3 木	2 水	1 火
○	◎	○	△	▲	○	△	○	◎	○	◎	○	△	▲	○	△
	31 木	30 水	29 火	28 月	27 日	26 土	25 金	24 木	23 水	22 火	21 月	20 日	19 土	18 金	17 木
	△	▲	○	△	○	◎	○	◎	○	△	▲	○	△	○	◎

八月 運勢

八月七日立秋の節より
月命甲申　五黄土星の月
暗剣殺　なし

堅実に歩んでいくことが吉運につながる月です。人・物・金が集まる傾向にあります。大盛運のように錯覚しますが、実質成果はそれほど大きくはありません。しかし着実に歩んでいく人にとっては実入りが良いと感じられるでしょう。自分の領域からはみ出すと、他者の横槍が入って上手くいきません。

●八月の方位

今月の吉方位	大吉→南 中吉→西、戌、乾
8月の幸運数	2、5、8
幸運色	イエロー

●吉日と注意日

16 土	15 金	14 木	13 水	12 火	11 月	10 日	9 土	8 金	7 木	6 水	5 火	4 月	3 日	2 土	1 金
○	△	○	◎	○	◎	○	△	▲	○	△	○	◎	○	◎	○
	31 日	30 土	29 金	28 木	27 水	26 火	25 月	24 日	23 土	22 金	21 木	20 水	19 火	18 月	17 日
	◎	○	◎	○	△	▲	○	△	○	◎	○	◎	○	△	▲

九月 運勢

九月七日白露の節より
月命乙酉　四緑木星の月
暗剣殺　東南の方位

仕事上では満たされた状況となります。雑念を捨てて仕事に専念するのが吉運の月です。自分の思ったように進んでいく幸運な月です。我田引水にならぬように自制し、周囲と協調するようにしましょう。周囲の協力があって初めて成功も手にすることができるのです。

実行の伴わない言動は信用を失います。

●九月の方位

今月の吉方位	大吉→北 中吉→南、甲、乙 吉→西
9月の幸運数	3、4、8
幸運色	エメラルドグリーン

●吉日と注意日

16 火	15 月	14 日	13 土	12 金	11 木	10 水	9 火	8 月	7 日	6 土	5 金	4 木	3 水	2 火	1 月
◎	○	△	▲	○	△	○	◎	○	◎	○	△	▲	○	△	○
		30 火	29 月	28 日	27 土	26 金	25 木	24 水	23 火	22 月	21 日	20 土	19 金	18 木	17 水
		○	△	○	◎	○	◎	○	△	▲	○	△	○	◎	○

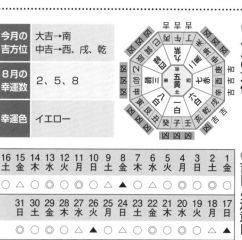

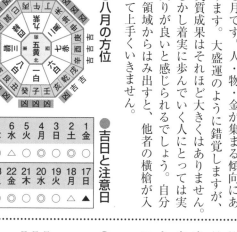

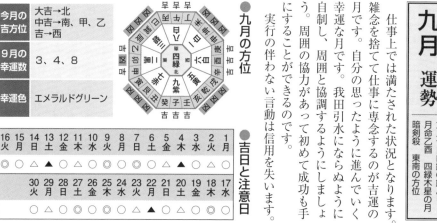

十月運勢

十月八日寒露の節より
月命丙戌　三碧木星の月
暗剣殺　東の方位

周囲で人の出入りが多くなります。喧騒に惑わされることなく責務に邁進しましょう。仕事上で迷った時は計画に沿って判断するのが良いです。仕事以外のことでは倫理道徳を判断基準にするのが常套手段と言えるでしょう。

行動を起こして実行することが最も大事です。行動を起こしましょう。

十月の方位

今月の吉方位	中吉→北、巽、巳 吉→南
10月の幸運数	3、5、8
幸運色	グリーン

吉日と注意日

16木	15水	14火	13月	12日	11土	10金	9木	8水	7火	6月	5日	4土	3金	2木	1水
○	◎	○	◎	○	△	▲	○	△	○	◎	○	◎	○	△	▲

31金	30木	29水	28火	27月	26日	25土	24金	23木	22水	21火	20月	19日	18土	17金
◎	○	△	▲	○	△	○	◎	○	◎	○	△	▲	○	△

十一月運勢

十一月七日立冬の節より
月命丁亥　二黒土星の月
暗剣殺　西南の方位

とかく障害が起きやすい月です。冷静に対処していけば大きな失敗にはなりません。無計画な実行だけは避けましょう。停滞した時は大きく変更を試みたくなるものでが、むしろその時は動かないほうが良いです。丹念に停滞を打開する方策を考えるのが吉策です。むしろ一歩退いて客観的に事態を見つめてみましょう。

十一月の方位

今月の吉方位	大吉→東 吉→南、北
11月の幸運数	2、5、0
幸運色	シルバー

吉日と注意日

16日	15土	14金	13木	12水	11火	10月	9日	8土	7金	6木	5水	4火	3月	2日	1土
△	▲	○	△	○	◎	○	◎	○	△	▲	○	△	○	◎	○

30日	29土	28金	27木	26水	25火	24月	23日	22土	21金	20木	19水	18火	17月
○	◎	○	◎	○	△	▲	○	△	○	◎	○	◎	○

十二月運勢

十二月七日大雪の節より
月命戊子　一白水星の月
暗剣殺　北の方位

今月はいろいろなことをやり過ぎないように気を付けて、今までの結果を踏まえて来年への構想を練りましょう。幸い今月は、援助者が現れてサポートしてくれる幸運に恵まれるかもしれません。忠告は素直に受けて計画への足掛かりとするのが得策です。甘い儲け話にはくれぐれも乗らない用心が肝心です。

十二月の方位

今月の吉方位	大吉→東南 中吉→東、戌、乾
12月の幸運数	1、6、9
幸運色	シルバーグレー

吉日と注意日

16火	15月	14日	13土	12金	11木	10水	9火	8月	7日	6土	5金	4木	3水	2火	1月
○	◎	○	△	▲	○	△	○	◎	○	◎	○	△	▲	○	△

31水	30火	29月	28日	27土	26金	25木	24水	23火	22月	21日	20土	19金	18木	17水
△	○	▲	△	○	◎	○	◎	○	△	○	○	△	○	◎

六白金星《ろっぱくきんせい》

炎熱期

方位吉凶図

吉方

本年は相生する一白水星が回座する東南方位が吉方となります。月別の吉方は毎月の運勢欄をご覧ください。

凶方

本年は五黄土星が回座する東北方位が五黄殺、反対側の八白土星が回座する西南方位が暗剣殺の大凶方位となります。六白金星が回座する南方位が本命殺、七赤金星が回座する北方位が本命的殺の大凶方位になります。本年の十二支である巳の反対側、亥の方位が歳破で大凶方位です。月別の凶方は毎月の運勢欄をご覧ください。

今年の運勢の変化と指針

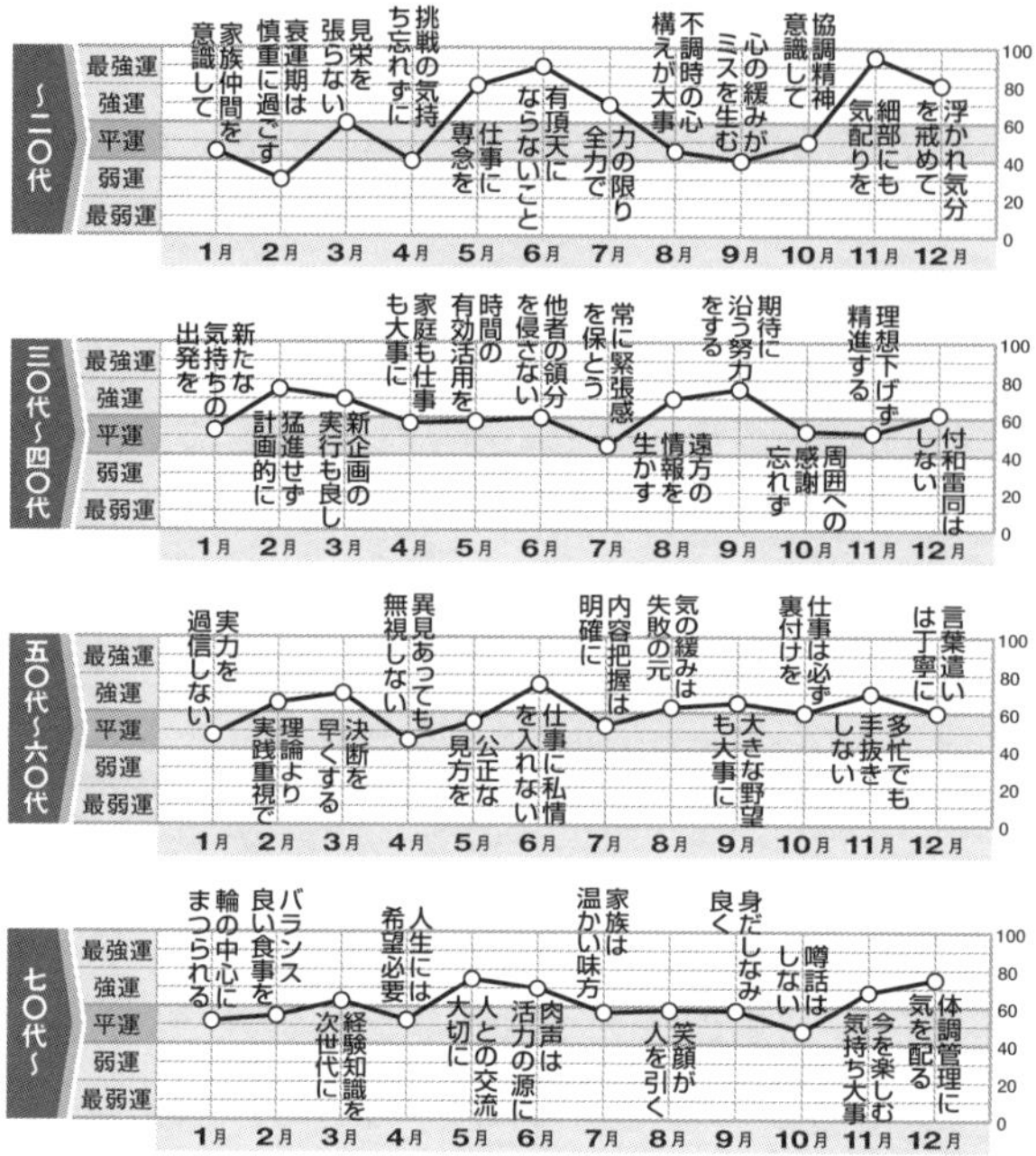

●本年、あなたの本命星である六白金星は南の離宮《りきゅう》に回座し、本命星の定位置である乾宮《けんきゅう》に入った三碧木星に被同会されています。これにより、本年のあなたの言動は目立って周囲から注目を集めます。

●今までの業績が認められて栄誉や名誉を受けることがあります。目立たないところで重ねた努力が陰徳として日の目を見て賞賛されることがあるかもしれません。あなたの栄誉や賞賛を快く思わない人がいます。奢ることなく謙虚な姿勢を保つのが良策です。自営業の人は斬新なアイディアが生まれることがあります。可能な限り研究して、実行できるように努力することが重要です。宝の持ち腐れになるのはもったいないものです。本年の後半には運気が下降します。年の前半に具体化できれば良い結果が得られます。後半に入ってもあきらめることはありません。意志あるところに道は開けます。

●言わなくても良い余計な一言にも注意しましょう。

適職

政治家、法律家、航空機関係業、自動車関係業、証券取引業、貴金属店、レストラン業、鑑定業、警備員、スポーツ用品業、ミシン業、ジャーナリスト、飛行機客室乗務員等

年齢別１年間の運勢指針

4歳（令和３年 辛丑）
大きな考えで導き、小さなことにはあまりこだわらないほうが良さそう。広い心で育てていきましょう。

13歳（平成24年 壬辰）
自尊心が大きくなり、自分は自分という考えが強くなります。中庸の精神も忘れないように。

22歳（平成15年 癸未）
新しいことに積極的に挑戦する気持ちを強く持って前進していきましょう。

31歳（平成６年 甲戌）
相談事には親切に応えてあげると良いでしょう。人の和は時間の経過と共に大切になります。

40歳（昭和60年 乙丑）
運気は絶好調とまではいかないけれど強いです。自重して漸進していくことが重要です。

49歳（昭和51年 丙辰）
ともすれば自分本位に進めるあなたですが、少し自重しましょう。言動には極めて慎重さが要求されます。

58歳（昭和42年 丁未）
仕事の成果は、自身の能力と周囲の力の掛け算。社交性を磨き人脈を一層広げ、緊密にして研鑽しましょう。

67歳（昭和33年 戊戌）
生涯働かされるのかという意識ではなく自ら進んで社会貢献をするような積極性を持って奮闘しましょう。

76歳（昭和24年 己丑）
今年は周りから注目される一年になります。ありのままの自分を出していきましょう。

85歳（昭和15年 庚辰）
まだまだやれるという気構えを持って後輩を引っ張っていきましょう。頼りにしている人がたくさんいます。

94歳（昭和６年 辛未）
他者のために尽くしてきたことが晩年の安泰につながっている人です。一つでも多くのことを後世に残して。

103歳（大正11年 壬戌）
くよくよせず気楽に生きること。先のことを心配するより目の前の人生を楽しむことが大事でしょう。

●今年の健康運

本年は油断のならない年と言えます。発病にいたった時はかなり重症であることが予想されます。特に高熱が出た時は注意が肝心です。日頃から血圧が高めの人は用心しましょう。今までは感じなかった体調不良が病気にまで悪化してしまうことがあります。早めの受診を心掛けましょう。早期の診療が効果的です。

●今年の金銭運

大金か無一文かというくらいに浮き沈みが激しい年です。激しく変化する年であることを念頭に置きましょう。不調がいつ訪れても平気という心構えは大事です。
地道に仕事をこなしている人には安泰な年です。そんな人には昇進や栄誉などの余禄があるかもしれません。地道に世のため人のために働くことが金運を上昇させ持続させます。

●今年の恋愛運

恋愛は隠しても隠し切れないほど派手なものになります。相手が目立つ存在だからです。
あなたの定位置である乾宮《けんきゅう》に三碧木星が被同会しています。お互いに見栄を張らずに地道に愛を育てることを心掛けましょう。恋愛では自分を良く見せようと見栄を張りがちですが、地に足を着けた堅実さが大切です。

一月 運勢

一月五日小寒の節より
月命丁丑　三碧木星の月
暗剣殺　東の方位

浮かれ気分を引き締め、本年の計画をしっかり立てて地に足を着けた活動をしよう。気持ちを緩めると遊興に気持ちが傾き、目上からの注文も厳しくなります。目の前の責務をしっかりこなしていくだけでも、周囲はあなたを認めるでしょう。難易度が高い仕事へは、果敢に立ち向かっていく気構えが大切です。

●一月の方位

今月の吉方位	大吉→東南、北 中吉→南
1月の幸運数	5、6、7
幸運色	ゴールド

●吉日と注意日

16 木	15 水	14 火	13 月	12 日	11 土	10 金	9 木	8 水	7 火	6 月	5 日	4 土	3 金	2 木	1 水
○	△	○	▲	△	○	◎	○	◎	○	△	○	▲	△	○	◎
	31 金	30 木	29 水	28 火	27 月	26 日	25 土	24 金	23 木	22 水	21 火	20 月	19 日	18 土	17 金
	▲	△	○	◎	○	◎	○	△	○	▲	△	○	◎	○	◎

二月 運勢

二月三日立春の節より
月命戊寅　二黒土星の月
暗剣殺　西南の方位

地位や名声を得る兆しもあるのですが、自分より年下の上司とは意見が合わずに衝突する恐れがあります。柔軟に対応するのが理想的です。

先を見据えた観点から決断しましょう。今月は気力が満ちて、やる気十分です。平常心で実力を発揮すれば成果は得られます。

●二月の方位

今月の吉方位	吉→東南
2月の幸運数	1、4、9
幸運色	シルバーグレー

●吉日と注意日

16 日	15 土	14 金	13 木	12 水	11 火	10 月	9 日	8 土	7 金	6 木	5 水	4 火	3 月	2 日	1 土
○	◎	○	◎	○	△	○	▲	△	○	◎	○	◎	○	△	○
				28 金	27 木	26 水	25 火	24 月	23 日	22 土	21 金	20 木	19 水	18 火	17 月
				○	▲	△	○	◎	○	◎	○	△	○	▲	△

三月 運勢

三月五日啓蟄の節より
月命己卯　一白水星の月
暗剣殺　北の方位

衰運期の上に暗剣殺という大凶殺の星が付いています。万事慎重に対応しましょう。物事を客観的に見て、障害が起きた時は焦らず冷静に本質を見抜きましょう。あなた自身が一歩引いてみると上手くいく場合が多いです。

今月は公私混同しそうな場面が多くあります。共同体制で臨むのが良策です。

●三月の方位

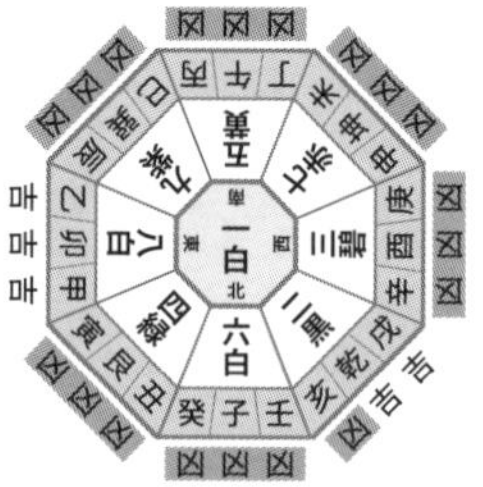

今月の吉方位	大吉→東、戌、乾
3月の幸運数	2、4、9
幸運色	ワインレッド

●吉日と注意日

16 日	15 土	14 金	13 木	12 水	11 火	10 月	9 日	8 土	7 金	6 木	5 水	4 火	3 月	2 日	1 土
△	○	◎	○	◎	○	△	○	▲	△	○	◎	○	◎	○	△
	31 月	30 日	29 土	28 金	27 木	26 水	25 火	24 月	23 日	22 土	21 金	20 木	19 水	18 火	17 月
	○	◎	○	△	○	▲	△	○	◎	○	◎	○	△	○	▲

四月　運勢

四月四日清明の節より
月命庚辰　九紫火星の月
暗剣殺　南の方位

掛け声倒れにならないように根気良く進めていきましょう。調子が悪い時ほど一人の世界に閉じこもりがちになります。協調の心を奮い立たせて、周囲の声を聞きながら推し進めていくのが最善策なのです。今月は、状況不利な時は無理に立ち向かうのではなく一歩退いて客観的な目で見つめ直してみましょう。

●四月の方位

今月の吉方位	大吉→東南、西 中吉→東 吉→乾
4月の幸運数	5、7、0
幸運色	レモンイエロー

●吉日と注意日

1	2	3	4	5	6	7	8	9	10	11	12	13	14	15	16
火	水	木	金	土	日	月	火	水	木	金	土	日	月	火	水
◎	○	△	▲	○	△	○	◎	○	◎	○	△	▲	○	△	○

17	18	19	20	21	22	23	24	25	26	27	28	29	30
木	金	土	日	月	火	水	木	金	土	日	月	火	水
◎	○	◎	○	△	▲	○	△	○	◎	○	◎	○	△

五月　運勢

五月五日立夏の節より
月命辛巳　八白土星の月
暗剣殺　東北の方位

今月は、あなたの中に深く眠っていたアイディアが具体的に現れてきます。すぐ実行できるように企画を立ててみましょう。成果は大きいものがあります。結果として名誉や賞賛を受けるかもしれません。

精神的な負担が多くなりそう。気楽に人と話をするだけでも良薬となります。

●五月の方位

今月の吉方位	中吉→東南
5月の幸運数	2、3、7
幸運色	パープル

●吉日と注意日

1	2	3	4	5	6	7	8	9	10	11	12	13	14	15	16
木	金	土	日	月	火	水	木	金	土	日	月	火	水	木	金
▲	○	△	○	◎	○	◎	○	△	▲	○	△	○	◎	○	◎

17	18	19	20	21	22	23	24	25	26	27	28	29	30	31
土	日	月	火	水	木	金	土	日	月	火	水	木	金	土
○	△	▲	○	△	○	◎	○	◎	○	△	▲	○	△	○

六月　運勢

六月五日芒種の節より
月命壬午　七赤金星の月
暗剣殺　西の方位

人のためにしたことが後で自分に利益となって返ってくるのを実感するでしょう。「人のためになることをする」という行為は運気を良くするものです。人のためになることをしてみましょう。

仕事では、今月は結論を早めに出すことが大事です。常に緊張感を持ち、一瞬のタイミングを逃さないことが大切です。

●六月の方位

今月の吉方位	大吉→南
6月の幸運数	1、4、6
幸運色	ライトブルー

●吉日と注意日

1	2	3	4	5	6	7	8	9	10	11	12	13	14	15	16
日	月	火	水	木	金	土	日	月	火	水	木	金	土	日	月
◎	○	◎	○	△	▲	○	△	○	◎	○	◎	○	△	▲	○

17	18	19	20	21	22	23	24	25	26	27	28	29	30
火	水	木	金	土	日	月	火	水	木	金	土	日	月
△	○	◎	○	◎	○	△	△	○	◎	○	◎	○	△

七月　運勢

七月七日小暑の節より
月命癸未　六白金星の月
暗剣殺　西北の方位

身の周りの細々とした問題が次々と起こってくる月です。面倒がらずに丁寧に対処しましょう。溜め込んでしまうと仕事にも支障が出てきます。頭にわだかまりがある状態で人間は良い仕事をすることはできません。人生をまっすぐに幸せに生き抜くためにも、目の前の事柄は迅速に片付けていくのが良策です。

●七月の方位

今月の吉方位	大吉→西、北 吉→南
7月の幸運数	5、8、0
幸運色	ブラック

●吉日と注意日

16水	15火	14月	13日	12土	11金	10木	9水	8火	7月	6日	5土	4金	3木	2水	1火
◎	○	◎	○	△	▲	○	△	○	◎	○	◎	○	△	▲	○
	31木	30水	29火	28月	27日	26土	25金	24木	23水	22火	21月	20日	19土	18金	17木
	○	△	▲	○	△	○	◎	○	◎	○	△	▲	○	△	○

八月　運勢

八月七日立秋の節より
月命甲申　五黄土星の月
暗剣殺　なし

一度口に出したことは引っ込めることができません。責任ある言動を心掛ける姿勢が大切でしょう。仕事上の信用は、実行して結果を出すことで得られます。努力を惜しまず奮闘しましょう。意欲的になり、気力も充実します。今月の奮闘は将来に好影響をもたらします。気を抜かずに努力を続けましょう。

●八月の方位

今月の吉方位	中吉→西 吉→北
8月の幸運数	3、4、8
幸運色	レッド

●吉日と注意日

16土	15金	14木	13水	12火	11月	10日	9土	8金	7木	6水	5火	4月	3日	2土	1金
▲	○	△	○	◎	○	◎	○	△	▲	○	△	○	◎	○	◎
	31日	30土	29金	28木	27水	26火	25月	24日	23土	22金	21木	20水	19火	18月	17日
	○	◎	○	◎	○	△	▲	○	△	○	◎	○	◎	○	△

九月　運勢

九月七日白露の節より
月命乙酉　四緑木星の月
暗剣殺　東南の方位

人間関係を良好に保つことが発展の礎になります。良質な友人は、あなたが困った時に手を差し伸べてくれます。前半は盛運気を保ちますが後半は下降していきますので、重要な案件は前半に手掛けて終わらせる計画が良いでしょう。

家庭サービスが自分を癒やしてくれる豊かな時間に。そんな吉運に恵まれます。

●九月の方位

今月の吉方位	大吉→南
9月の幸運数	3、5、8
幸運色	ブルー

●吉日と注意日

16火	15月	14日	13土	12金	11木	10水	9火	8月	7日	6土	5金	4木	3水	2火	1月
○	◎	○	△	▲	○	△	○	◎	○	◎	○	△	▲	○	△
		30火	29月	28日	27土	26金	25木	24水	23火	22月	21日	20土	19金	18木	17水
		▲	○	△	○	◎	○	◎	○	△	▲	○	△	○	◎

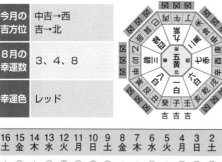

十月　運勢

十月八日寒露の節より
月命丙戌　三碧木星の月
暗剣殺　東の方位

事態が急変することがあります。慌てず平常心で対処するのが大事です。計画がしっかりしていて目的が明確なら、行動にブレが生じることはないでしょう。目的が曖昧なまま進展すると、他人の領域に首を突っ込んで争いごとになって難渋します。自分の範囲内の責務を貫徹するのが重要でしょう。

●十月の方位

今月の吉方位	大吉→北、巳、巽 中吉→南
10月の幸運数	5、7、0
幸運色	シルバー

●吉日と注意日

1	2	3	4	5	6	7	8	9	10	11	12	13	14	15	16
水	木	金	土	日	月	火	水	木	金	土	日	月	火	水	木
△	○	◎	○	◎	○	△	○	▲	△	○	◎	○	◎	○	△

17	18	19	20	21	22	23	24	25	26	27	28	29	30	31
金	土	日	月	火	水	木	金	土	日	月	火	水	木	金
○	▲	△	○	◎	○	◎	○	△	○	▲	△	○	◎	○

十一月　運勢

十一月七日立冬の節より
月命丁亥　二黒土星の月
暗剣殺　西南の方位

期待を一身に集める月になりそうです。自己の能力を過信することなく手持ち案件に力を集中させましょう。また仕事を拡大させようとするあまりに能力を超えた大きなことを企てても失敗する暗示があります。実力を過信せず、身の丈に合った計画で進展しましょう。一つ一つを丁寧に正確に仕上げるのが良策です。

●十一月の方位

今月の吉方位	吉→辰、巽
11月の幸運数	1、3、9
幸運色	ホワイト

●吉日と注意日

1	2	3	4	5	6	7	8	9	10	11	12	13	14	15	16
土	日	月	火	水	木	金	土	日	月	火	水	木	金	土	日
◎	○	△	○	▲	△	○	◎	○	◎	○	△	○	▲	△	○

17	18	19	20	21	22	23	24	25	26	27	28	29	30
月	火	水	木	金	土	日	月	火	水	木	金	土	日
◎	○	◎	○	△	○	▲	△	○	◎	○	◎	○	△

十二月　運勢

十二月七日大雪の節より
月命戊子　一白水星の月
暗剣殺　北の方位

最弱運期を迎えています。今月は前進に精力を向けず、現状維持に力を尽くしましょう。今年の業績を見返して改善点を考えて、来年に生かしましょう。気楽に向き合うほうが、かえって気分的に楽になり、次の目標を定めやすいものです。祝い事は自分一人喜ぶのではなく、周囲の人と幸せを分かち合いましょう。

●十二月の方位

今月の吉方位	大吉→東、戌、乾
12月の幸運数	2、8、9
幸運色	オレンジ

●吉日と注意日

1	2	3	4	5	6	7	8	9	10	11	12	13	14	15	16
月	火	水	木	金	土	日	月	火	水	木	金	土	日	月	火
○	▲	△	○	◎	○	◎	○	△	○	▲	△	○	◎	○	◎

17	18	19	20	21	22	23	24	25	26	27	28	29	30	31
水	木	金	土	日	月	火	水	木	金	土	日	月	火	水
○	△	○	▲	▲	○	△	○	◎	○	◎	○	△	▲	○

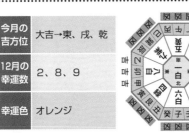

七赤金星《しちせききんせい》

●氷雪期

方位吉凶図

吉方

本年は相生する一白水星が回座する東南方位が吉方となります。月別の吉方は毎月の運勢欄をご覧ください。

凶方

本年は五黄土星が回座する東北方位が五黄殺、反対側の八白土星が回座する西南方位が暗剣殺の大凶方位となります。七赤金星が回座する北方位が本命殺、六白金星が回座する南方位が本命的殺の大凶方位です。本年の十二支である巳の反対側亥の方位が歳破で大凶方位です。月別の凶方は毎月の運勢欄をご覧ください。

今年の運勢の変化と指針

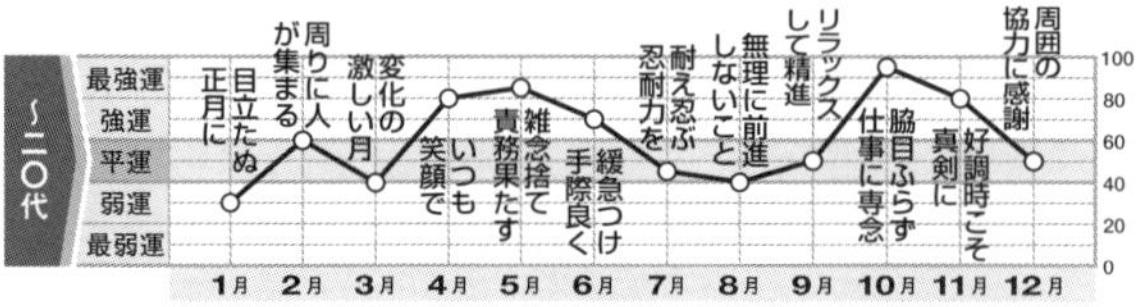

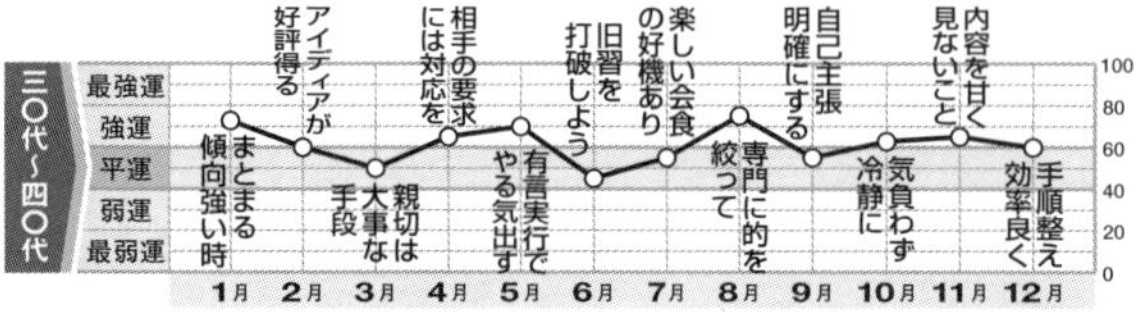

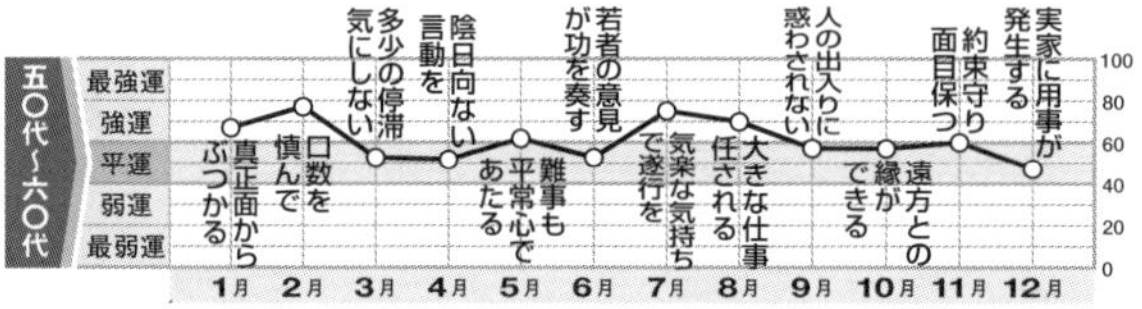

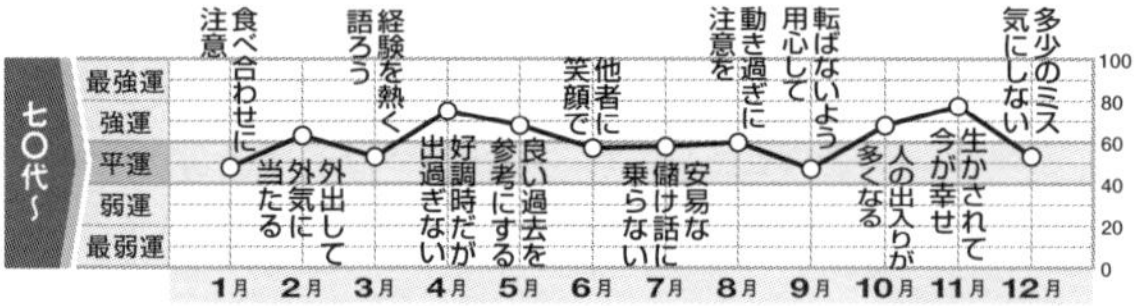

●本年、あなたの本命星である七赤金星は北方位の坎宮《かんきゅう》に回座し、同時に定位置である兌宮《だきゅう》に回座する四緑木星に被同会されています。本年はいわゆる厄年です。数え年三十三歳の女性と四十二歳の男性であれば大厄年です。肉体的・精神的に大きな無理を重ねないほうが良いでしょう。障害に遭遇した時も無理せず穏便に済まそうとするのが最善策です。難問などは専門家や見識者に相談してみるのが良いでしょう。悩みなども多くなりますが、信頼できる人に早く相談するのが賢明です。人は、対面で話をすると解決策が見つかることも少なくありません。人の生の声は人に勇気を与えてくれるものです。

●本年は、初期計画に沿って地道に進めるのが良い年です。思い切った冒険や新規の計画は極力避けましょう。移転や転職などもできれば延ばすほうが吉です。新規事業を開拓するより新しい知識や自分のスキルを高めることに注力するのが良い時です。

適職　弁護士、教師、外科医、歯科医、武術家、司会者、金属加工業、食料品店、製造業、出版業、服飾業、飲食店、飛行機客室乗務員、セールス業、ホステス、タレント等

年齢別1年間の運勢指針

年齢	運勢
5歳（令和2年 庚子）	本人は一生懸命なのに大人が真剣に向き合ってくれないと、大きくなってから人間不信に陥りかねません。
14歳（平成23年 辛卯）	江戸時代の書の中にある「自分の中の幼さを捨てる」という言葉。現代にも通じる力強さが感じられます。
23歳（平成14年 壬午）	自分の能力を知ることは大事ですが、どのように生き抜いていくかはもっと大きな問題です。
32歳（平成5年 癸酉）	人間関係が良好な人です。精進を忘れてしまった人には、本年の運気は厳しい審判になるかもしれません。
41歳（昭和59年 甲子）	経済的に恵まれても功利に走り過ぎると失敗を招きます。世のため人のためという理念を大事にしましょう。
50歳（昭和50年 乙卯）	自分の行く先をしっかり見つめて進むことが大事でしょう。これまでの継続が良策です。
59歳（昭和41年 丙午）	重要な年回りになっています。根気よく従来の責務を淡々とこなしていくのが最善策です。
68歳（昭和32年 丁酉）	社会のために何ができるかを考え始めると、成功発展が望める時期。他人の困窮には手を差し伸べて。
77歳（昭和23年 戊子）	自分の方針で生きてきたあなた。人との和合を心掛けると、逆にやりたいことができるようになるでしょう。
86歳（昭和14年 己卯）	外界とのつながりを保つことが、活力を増加させることに。社会に役立つことを考えると幸福に連結します。
95歳（昭和5年 庚午）	比較的晩年運の良い星回りですが、人間には悩みが付きもの。周囲との会話が勇気を与えてくれます。
104歳（大正10年 辛酉）	仕事を通して成長してきたあなた。後輩たちは年配の皆さんの経験や知識を聞きたがっているものです。

●今年の健康運

本年は、他者への気遣いや自分自身の悩み事などから来る心身の疲労による疾患に警戒しましょう。疲労が心身から免疫力を奪うと疾患につながってしまいます。肉体より先に精神への悪影響が懸念されます。心配事や悩みは信頼できる人に早めに打ち明けて相談して、気持ちを楽にすることが有効です。一人で抱え込まないことです。

●今年の金銭運

本年が衰運期ですので、金銭運も活発ではありません。といってもこの星生まれは、生涯お金に窮することがない金銭運の持ち主です。お金が不足するかなと思っていると、手伝いを頼まれてお小遣いが入ってくるようなラッキーが期待できます。本年は将来に備えて少し貯蓄に回すと、金銭運は良くなります。バランスを保つことが金運上昇につながります。

●今年の恋愛運

本年のあなたの恋愛は低調です。恋が生まれても深く静かに潜行する形になります。二人だけの大事な愛を貫きたい、誰にも邪魔されたくないという気持ちが強く働くからです。秘密の恋が生まれやすいのも本年の特徴です。道ならぬ恋に胸がときめくかもしれませんが、冷めた後の傷の深さを考えて正統な愛を育むようにしましょう。

一月 運勢

一月五日小寒の節より
月命丁丑　三碧木星の月
暗剣殺　東の方位

年明けから仕事が後ろから追い駆けてくるような月です。一意専心の気持ちで仕事に取り組むのが一番です。前年度に立てた計画の通りに進まないきらいはありますが、成果は表れます。上司も仕事のフォローをしてくれる好運月です。好運がいつまでも続くと考えず、絶えず次の一手を考えて進展するべきです。

●一月の方位

今月の吉方位	大吉→東南 中吉→東北
1月の幸運数	1、4、9
幸運色	チャコールグレー

●吉日と注意日

16木	15水	14火	13月	12日	11土	10金	9木	8水	7火	6月	5日	4土	3金	2木	1水
△	○	▲	△	○	◎	○	○	○	△	○	▲	△	○	◎	○
	31金	30木	29水	28火	27月	26日	25土	24金	23木	22水	21火	20月	19日	18土	17金
	△	○	◎	○	○	○	△	○	▲	△	○	◎	○	○	○

二月 運勢

二月三日立春の節より
月命戊寅　二黒土星の月
暗剣殺　西南の方位

好調だった先月とは打って変わって低迷の月を迎えています。派手な動きはなくても地道に成し遂げていく気持ちが重要です。やる気が一瞬途切れてしまうことがあります。そんな時は思い切って休息を十分に取って、気力が充実する時を待ちましょう。焦って新しいことをするのは危険です。

●二月の方位

今月の吉方位	吉→東南
2月の幸運数	2、4、9
幸運色	ワインレッド

●吉日と注意日

16日	15土	14金	13木	12水	11火	10月	9日	8土	7金	6木	5水	4火	3月	2日	1土
◎	○	○	○	△	○	▲	△	○	◎	○	○	○	△	○	▲
				28金	27木	26水	25火	24月	23日	22土	21金	20木	19水	18火	17月
				▲	△	○	◎	○	○	○	△	○	▲	△	○

三月 運勢

三月五日啓蟄の節より
月命己卯　一白水星の月
暗剣殺　北の方位

低迷月が終わったら、今度は障害が起きやすい月に入っています。巡り合わせが悪い時期なので、万事慎重に推進するようにしましょう。正道を守って進んでいけば、災難は最小限に抑えられます。次なる吉運月に向けて力を蓄えておきましょう。進捗が遅くなっても焦らず平常心で対応しましょう。

●三月の方位

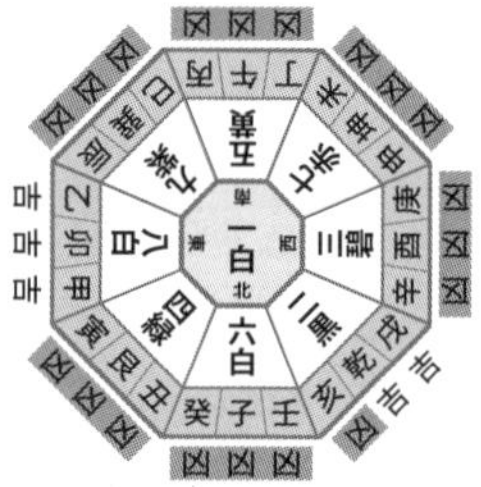

今月の吉方位	大吉→東、戌、乾
3月の幸運数	5、7、0
幸運色	ホワイト

●吉日と注意日

16日	15土	14金	13木	12水	11火	10月	9日	8土	7金	6木	5水	4火	3月	2日	1土
○	◎	○	○	○	△	○	▲	△	○	◎	○	○	○	△	○
	31月	30日	29土	28金	27木	26水	25火	24月	23日	22土	21金	20木	19水	18火	17月
	○	○	△	○	▲	△	○	◎	○	○	○	△	○	▲	△

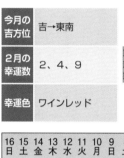

四月　運勢

四月四日清明の節より
月命庚辰　九紫火星の月
暗剣殺　南の方位

一躍脚光を浴びるかもしれない月を迎えています。培ってきた実力を十分発揮できる月です。少しの支障があっても忍耐強く継続して奮闘するのが良策です。

普段の言動が目立って注目されます。日頃から正当な行動を心掛けましょう。

新たなアイディアが湧いたときは、実行のチャンスを見極めて生かしましょう。

●四月の方位

今月の吉方位	大吉→東南 吉→乾
4月の幸運数	2、3、7
幸運色	パープル

●吉日と注意日

1	2	3	4	5	6	7	8	9	10	11	12	13	14	15	16
火	水	木	金	土	日	月	火	水	木	金	土	日	月	火	水
○	◎	○	△	▲	○	△	○	○	○	◎	○	△	▲	○	△

17	18	19	20	21	22	23	24	25	26	27	28	29	30
木	金	土	日	月	火	水	木	金	土	日	月	火	水
○	○	○	◎	○	△	▲	○	△	○	○	○	◎	○

五月　運勢

五月五日立夏の節より
月命辛巳　八白土星の月
暗剣殺　東北の方位

絶好調の月と言っても良いでしょう。温めていた事案があれば即実行に移しましょう。それなりの結果を得られます。遠方との商取引をしている人は、より活発になります。

長引いている問題は、第三者に助言を求めて解決を急ぎましょう。専門家や識者に相談してみましょう。

●五月の方位

今月の吉方位	中吉→東 吉→西
5月の幸運数	1、3、6
幸運色	ライトブルー

●吉日と注意日

1	2	3	4	5	6	7	8	9	10	11	12	13	14	15	16
木	金	土	日	月	火	水	木	金	土	日	月	火	水	木	金
△	▲	○	△	○	○	○	◎	○	△	▲	○	△	○	○	○

17	18	19	20	21	22	23	24	25	26	27	28	29	30	31
土	日	月	火	水	木	金	土	日	月	火	水	木	金	土
◎	○	△	▲	○	△	○	○	○	◎	○	△	▲	○	△

六月　運勢

六月五日芒種の節より
月命壬午　七赤金星の月
暗剣殺　西の方位

今月は、人のために尽くすと幸運が訪れてきます。自分だけ良ければよいという考えは引っ込めて、他者が良くなるようなことを率先して実行しましょう。

周囲からさまざまな情報が入り込んできます。取り込み過ぎは良くありません。自分で取捨選択を正しくして、情報に振り回されないようにしましょう。

●六月の方位

今月の吉方位	大吉→南、戌、乾 中吉→東南
6月の幸運数	5、7、8
幸運色	イエロー

●吉日と注意日

1	2	3	4	5	6	7	8	9	10	11	12	13	14	15	16
日	月	火	水	木	金	土	日	月	火	水	木	金	土	日	月
○	○	○	◎	○	△	▲	○	△	○	○	○	◎	○	△	▲

17	18	19	20	21	22	23	24	25	26	27	28	29	30
火	水	木	金	土	日	月	火	水	木	金	土	日	月
○	△	○	○	○	◎	○	○	◎	○	○	○	△	○

七月 運勢

七月七日小暑の節より
月命癸未　六白金星の月
暗剣殺　西北の方位

万事に細心の注意を払って遂行するように気を配りましょう。備えの気持ちが整っていれば危機に際する対処法が違います。冷静に受け止め、最小限の損失で食い止めることができるでしょう。

プライベートにも気配りを忘れずにいましょう。無理をしないで現状維持を図る意識で推進するのが良策です。

●七月の方位

今月の吉方位	大吉→西、北 吉→南
7月の幸運数	3、4、8
幸運色	レッド

●吉日と注意日

16 水	15 火	14 月	13 日	12 土	11 金	10 木	9 水	8 火	7 月	6 日	5 土	4 金	3 木	2 水	1 火
○	○	○	◎	○	△	▲	○	△	○	○	○	◎	○	△	▲
	31 木	30 水	29 火	28 月	27 日	26 土	25 金	24 木	23 水	22 火	21 月	20 日	19 土	18 金	17 木
	◎	○	△	▲	○	△	○	○	○	◎	○	△	▲	○	△

八月 運勢

八月七日立秋の節より
月命甲申　五黄土星の月
暗剣殺　なし

計画通りに進めていけば平穏無事に終わる月です。進捗自体に問題がない時でも、あなたの気持ちが切れて、やる気が薄れることがあります。そんな時は親しい友人知人との会食を楽しみましょう。

決断する時は迷わないで、自分に自信を持って下しましょう。良否の選択に困る時は識者に相談してみるのが良いです。

●八月の方位

今月の吉方位	中吉→戌、乾 吉→北
8月の幸運数	1、5、8
幸運色	ブルー

●吉日と注意日

16 土	15 金	14 木	13 水	12 火	11 月	10 日	9 土	8 金	7 木	6 水	5 火	4 月	3 日	2 土	1 金
△	▲	○	△	○	○	○	◎	○	△	▲	○	△	○	○	○
	31 日	30 土	29 金	28 木	27 水	26 火	25 月	24 日	23 土	22 金	21 木	20 水	19 火	18 月	17 日
	△	○	○	○	◎	○	△	▲	○	△	○	○	○	◎	○

九月 運勢

九月七日白露の節より
月命乙酉　四緑木星の月
暗剣殺　東南の方位

一時的に業務が進展しない状態となります。好・不調の波が大きいことによります。進まないからと言って手を緩めずに、平常心で推進させましょう。努力は積み重ねることにより大きな成果となっていくのです。努力の貯畜は確実にあなたの力となって残っていきます。

体調不良の時は休養を取りましょう。

●九月の方位

今月の吉方位	大吉→南、甲、乙 中吉→西
9月の幸運数	5、6、7
幸運色	ゴールド

●吉日と注意日

16 火	15 月	14 日	13 土	12 金	11 木	10 水	9 火	8 月	7 日	6 土	5 金	4 木	3 水	2 火	1 月
○	○	◎	○	△	▲	○	△	○	○	○	◎	○	△	▲	○
		30 火	29 月	28 日	27 土	26 金	25 木	24 水	23 火	22 月	21 日	20 土	19 金	18 木	17 水
		△	▲	○	△	○	○	○	◎	○	△	▲	○	△	○

十月運勢

十月八日寒露の節より
月命丙戌　三碧木星の月
暗剣殺　東の方位

勢いのある月を迎えています。猪突猛進しないように自制心を働かせてください。過程を振り返り、確認しながら推進していくのが理想的です。上司からの指示指令がいつになく多いかもしれません。あなたに対する期待の表れと受け止め、全力を尽くしましょう。表面的なことより、中身を熟考することが大事です。

●十月の方位

今月の吉方位	大吉→巳、巽
10月の幸運数	1、3、9
幸運色	ブラウン

●吉日と注意日

16木	15水	14火	13月	12日	11土	10金	9木	8水	7火	6月	5日	4土	3金	2木	1水
○	△	○	○	○	◎	○	△	▲	○	△	○	○	○	◎	○
	31金	30木	29水	28火	27月	26日	25土	24金	23木	22水	21火	20月	19日	18土	17金
	○	○	◎	○	△	▲	○	△	○	○	○	◎	○	△	▲

十一月運勢

十一月七日立冬の節より
月命丁亥　二黒土星の月
暗剣殺　西南の方位

今月は攻めよりも守りが大切な月です。自分の得手不得手を見直してスキルの充足を心掛けると良いでしょう。新規計画は今月に実行せず、好調運にめぐった時に取り掛かれるように準備しておくと良いでしょう。目立った言動は取らず、人と協調して人のために働くといった控えめな行動が吉運を招きます。

●十一月の方位

今月の吉方位	吉→辰、巽
11月の幸運数	2、8、0
幸運色	オレンジ

●吉日と注意日

16日	15土	14金	13木	12水	11火	10月	9日	8土	7金	6木	5水	4火	3月	2日	1土
◎	○	△	▲	○	△	○	○	○	◎	○	△	▲	○	△	○
		30日	29土	28金	27木	26水	25火	24月	23日	22土	21金	20木	19水	18火	17月
		○	△	○	○	○	◎	○	△	▲	○	△	○	○	○

十二月運勢

十二月七日大雪の節より
月命戊子　一白水星の月
暗剣殺　北の方位

衰運期を抜けたと言っても油断のならない月です。変化の気を受けて、予測できない支障にぶつかったりします。冷静な判断力が要求される月です。人生には障害がつきものと言っても、一つ一つを乗り越えていかなければ先には進めません。逃げるのではなく敢然と立ち向かう姿勢を保ちましょう。

●十二月の方位

今月の吉方位	大吉→東、戌、乾
12月の幸運数	5、7、0
幸運色	グレー

●吉日と注意日

16火	15月	14日	13土	12金	11木	10水	9火	8月	7日	6土	5金	4木	3水	2火	1月
○	○	○	◎	○	△	▲	○	△	○	○	○	◎	○	△	▲
	31水	30火	29月	28日	27土	26金	25木	24水	23火	22月	21日	20土	19金	18木	17水
	▲	△	○	◎	○	○	○	△	○	▲	△	△	▲	○	△

八白土星《はっぱくどせい》

発芽期

方位吉凶図

吉方

本年は相生する九紫火星が回座する東方位、六白金星が回座する南方位、七赤金星が回座する北方位が吉方となります。月別の吉方は毎月の運勢欄をご覧ください。

凶方

本年は五黄土星が回座する東北方位が五黄殺、反対側の八白土星が回座する西南方位が暗剣殺の大凶方位になります。八白土星が回座する西南方位が本命殺、五黄土星が回座する東北方位が本命的殺で五黄殺、暗剣殺と重なる大凶方位となります。本年の十二支である巳の反対側、亥の方位が歳破で大凶方位です。月別の凶方は毎月の運勢欄をご覧ください。

今年の運勢の変化と指針

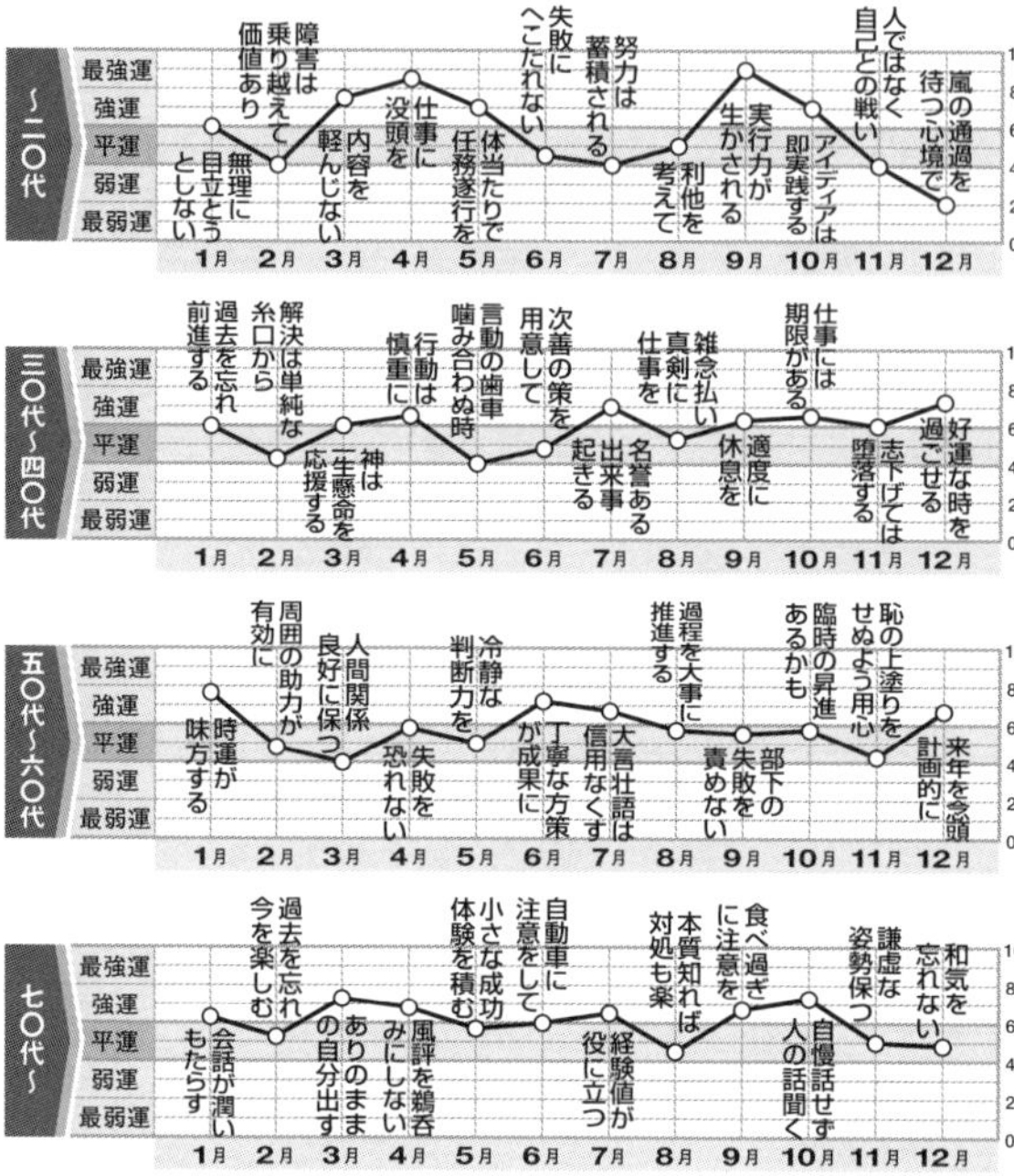

●本年、あなたの本命星である八白土星は西南方位の坤宮《けんきゅう》に回座し、定位置である艮宮《ごんきゅう》には五黄土星が回座して被同会しています。本命星に暗剣殺という大凶殺が付き、五黄土星が被同会していますので、本年は油断のならない年であることは間違いありません。でも、驚いてしり込みすることはありません。次のことを心掛けていれば、災い転じて福となすことができます。まず、規則正しい生活習慣を続けること。規則正しい生活というのは早寝早起きとは少し違い、一日のサイクルを自分に合った生活で回すということです。そして、「人にいいことをする」という習慣を持つこと。決して自分だけが良ければよいという考え方をしないことです。この二つを守れば、運は改善されます。

●仕事面では、本来は几帳面なあなたに障害や邪魔が入り、仕事が貫徹しにくくなります。気力を失うことなく、丁寧に仕上げることを目指してください。

適職

弁護士、教育家、警察官、自衛官、金融業、不動産管理業務、土木建築業、倉庫業、製材商、ホテル業、デパート業、リゾート開発、警備員、ペンションオーナー等

年齢別１年間の運勢指針

年齢	生年	運勢指針
6歳	（令和元年・平成31年　己亥）	自分の意思を通そうとする頑固さが強くなる時期です。子供の主張にも耳を傾けるゆとりを持って。
15歳	（平成22年　庚寅）	忍耐心が今後の人生には重要。短期間ででき上がるものを成し遂げ、次に向かうやり方が良いでしょう。
24歳	（平成13年　辛巳）	他者との意見の食い違いがあっても争わず話し合いをよくすること。争いは害あって益なしです。
33歳	（平成4年　壬申）	結果を手にするまでは手綱を緩めないこと。災難もいつ訪れるかわからないということを念頭に入れて。
42歳	（昭和58年　癸亥）	後厄の年。決めた事柄を計画通りに推進していくのが最善策。不意の予定変更などはしないほうが良いです。
51歳	（昭和49年　甲寅）	自然の流れに沿って進んでいくのが無難です。無理に変えようとすると困難が付きまといます。
60歳	（昭和40年　乙巳）	あなたに注目している人が必ずいます。言動を慎み実直に振る舞うことが今後の人生に影響を与えます。
69歳	（昭和31年　丙申）	好運気を招き寄せるのには規則正しい生活習慣を身に付けること。これからは社会貢献も考えてみましょう。
78歳	（昭和22年　丁亥）	自分の得意分野をさらに極めていくと共感者も生まれ、交際範囲も広がります。趣味の得意分野は大きな味方。
87歳	（昭和13年　戊寅）	ありのままの自分で接すれば、友達はできやすいもの。相手も心を開くことに戸惑っているかもしれません。
96歳	（昭和4年　己巳）	己巳《つちのとみ》の日は巳待ちと言って、福徳付与の弁財天を祭る日。福徳を周囲にも分けてあげましょう。
105歳	（大正9年　庚申）	一日の明るい笑顔がみんなを幸せな気持ちにさせます。元気を継続させ、希望の光を長く保ちましょう。

●今年の健康運

本年、健康には十分に気を付けてください。お腹にある多くの器官に悪くなる要素が潜んでいます。飲み過ぎ食べ過ぎはもちろんのこと、疲労を溜め込むのも危険です。抵抗力がなくなり病気の原因を引き込みやすくなるからです。そして食事のバランスを良好に保つことも重要です。

胃潰瘍や胃がんに注意の年です。不眠症の傾向もあります。

●今年の金銭運

手堅く稼ぐと良い金銭運です。面白味がないコメントですが、それが真実というものです。真面目にコツコツ働くから金銭が持続的に循環するというのが、本年の本命星である八白土星の人の金銭運です。本年は投資や副業で一儲けしようという気持ちは抑えましょう。上手くいきません。甘い投資話などには絶対に乗らないようにしましょう。

●今年の恋愛運

今年の恋愛運はあまり良好ではありません。生真面目なあなたには、恋愛感情が生まれると一気にのめり込んでしまうところがあります。相手をよく観察してお付き合いをしましょう。あなたは現実的に物事を捉える人です。あまりに理想論を言う相手との恋愛や結婚は、上手く折り合いをつけないかぎり成り立ちません。

一月 運勢

一月五日小寒の節より
月命丁丑　三碧木星の月
暗剣殺　東の方位

周囲は賑やかなのですが、あなたの運気は弱運気です。目立たず黒子となって陰に回る時です。我慢を続けているとつい言葉遣いが不適切になり、言わなくてもよい一言を放ってしまうことがありますので注意しましょう。そうならないように、自分なりにストレスを発散させる方術を考えておきましょう。

●一月の方位

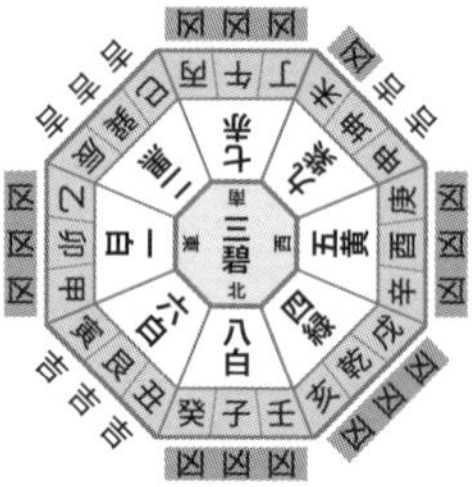

今月の吉方位	大吉→申、坤 中吉→東南 吉→東北
1月の幸運数	2、4、9
幸運色	オレンジ

●吉日と注意日

1	2	3	4	5	6	7	8	9	10	11	12	13	14	15	16
水	木	金	土	日	月	火	水	木	金	土	日	月	火	水	木
◎	○	◎	○	▲	▲	○	△	○	◎	○	◎	○	▲	▲	○

17	18	19	20	21	22	23	24	25	26	27	28	29	30	31
金	土	日	月	火	水	木	金	土	日	月	火	水	木	金
△	○	◎	○	◎	○	▲	▲	○	△	○	◎	○	◎	○

二月 運勢

二月三日立春の節より
月命戊寅　二黒土星の月
暗剣殺　西南の方位

今月は万事につけ注意深い言動を心掛けましょう。運気は停滞し、物事の進展が思うようにいきません。責務遂行の場面一つ一つを点検しながら進みましょう。一つのミスや失敗が損失につながります。前月の緊張感から解き放たれたと思い気を緩めた時が危険です。基礎固めの時と思っての精進が吉運を招きます。

●二月の方位

今月の吉方位	大吉→東 吉→南、北
2月の幸運数	5、7、0
幸運色	グレー

●吉日と注意日

1	2	3	4	5	6	7	8	9	10	11	12	13	14	15	16
土	日	月	火	水	木	金	土	日	月	火	水	木	金	土	日
▲	▲	○	△	○	◎	○	◎	○	▲	▲	○	△	○	◎	○

17	18	19	20	21	22	23	24	25	26	27	28
月	火	水	木	金	土	日	月	火	水	木	金
◎	○	▲	▲	○	△	○	◎	○	◎	○	▲

三月 運勢

三月五日啓蟄の節より
月命己卯　一白水星の月
暗剣殺　北の方位

好調月を迎えています。延び延びにしていた企画の実行に適当な月です。計画に沿って進展させましょう。九紫火星に同会していますので実行にはスマートさが加わり、賞賛を得られる可能性が期待できます。あなたの言葉による後押しが力になります。斬新なアイディアが湧いてくる可能性もあります。

●三月の方位

今月の吉方位	大吉→東南 中吉→戌、乾
3月の幸運数	2、3、7
幸運色	パープル

●吉日と注意日

1	2	3	4	5	6	7	8	9	10	11	12	13	14	15	16
土	日	月	火	水	木	金	土	日	月	火	水	木	金	土	日
▲	○	△	○	◎	○	◎	○	▲	▲	○	△	○	◎	○	◎

17	18	19	20	21	22	23	24	25	26	27	28	29	30	31
月	火	水	木	金	土	日	月	火	水	木	金	土	日	月
○	▲	▲	○	△	○	◎	○	◎	○	▲	▲	○	△	○

四月 運勢

四月四日清明の節より
月命庚辰　九紫火星の月
暗剣殺　南の方位

新たな出会いから有利な話が生まれる兆候が見られます。真剣に対応するのが吉運です。真正面から正々堂々と向き合うのが正解です。実力者が援助の手を差し伸べてくれる僥倖も。成果を一人じめするのではなく、協力してくれた周囲の人と共に分かち合いましょう。それがさらなる良い進展につながるでしょう。

●四月の方位

今月の吉方位	中吉→西 吉→東
4月の幸運数	1、5、6
幸運色	ブルー

●吉日と注意日

16 水	15 火	14 月	13 日	12 土	11 金	10 木	9 水	8 火	7 月	6 日	5 土	4 金	3 木	2 水	1 火
○	▲	▲	○	◎	○	◎	○	△	○	▲	▲	○	◎	○	◎
		30 水	29 火	28 月	27 日	26 土	25 金	24 木	23 水	22 火	21 月	20 日	19 土	18 金	17 木
		◎	○	◎	○	△	○	▲	▲	○	◎	○	◎	○	△

五月 運勢

五月五日立夏の節より
月命辛巳　八白土星の月
暗剣殺　東北の方位

地道な努力の結果が実り、それなりの成果を得ることができます。派手さがない代わりに確実に実ってきたことを実感できるでしょう。時間のかかった事柄も決着が付き、実績を積むことができます。年配の女性に親切にすると感謝されます。我慢することも大事な努力です。足るを知るのも大切なことです。

●五月の方位

今月の吉方位	大吉→戌、乾 吉→東、東南
5月の幸運数	5、8、0
幸運色	イエロー

●吉日と注意日

16 金	15 木	14 水	13 火	12 月	11 日	10 土	9 金	8 木	7 水	6 火	5 月	4 日	3 土	2 金	1 木
◎	○	△	○	▲	▲	○	◎	○	◎	○	△	○	▲	▲	○
	31 土	30 金	29 木	28 水	27 火	26 月	25 日	24 土	23 金	22 木	21 水	20 火	19 月	18 日	17 土
	○	▲	▲	○	◎	○	◎	○	△	○	▲	▲	○	◎	○

六月 運勢

六月五日芒種の節より
月命壬午　七赤金星の月
暗剣殺　西の方位

盛運の月を迎えています。仕事の捗る月です。私生活より社会で役割を求められます。今月は一意専心の気持ちで仕事に邁進しましょう。当初の計画を綿密に見直して不言実行の覚悟で臨みましょう。成功した暁には大きな成果が得られるはずです。天の恵みもあなたのもとに訪れるでしょう。

●六月の方位

今月の吉方位	中吉→南
6月の幸運数	3、4、8
幸運色	グリーン

●吉日と注意日

16 月	15 日	14 土	13 金	12 木	11 水	10 火	9 月	8 日	7 土	6 金	5 木	4 水	3 火	2 月	1 日
▲	○	◎	○	◎	○	△	○	▲	▲	○	◎	○	◎	○	△
		30 月	29 日	28 土	27 金	26 木	25 水	24 火	23 月	22 日	21 土	20 金	19 木	18 水	17 火
		▲	○	△	○	◎	○	◎	◎	○	◎	○	△	○	▲

七月　運勢

七月七日小暑の節より
月命癸未　六白金星の月
暗剣殺　西北の方位

先月とは変わって、今月はプライベートが忙しくなりそうです。月初めに出費の計画をきちんと立てておくと良いでしょう。無計画に遊興を楽しむと、あとで苦しい思いをすることになります。金銭運も良いほうなのです。それでも油断は禁物です。特に西北からの甘い儲け話には乗ってはいけません。

●七月の方位

今月の吉方位	中吉→北
7月の幸運数	3、5、8
幸運色	ホワイト

●吉日と注意日

16 水	15 火	14 月	13 日	12 土	11 金	10 木	9 水	8 火	7 月	6 日	5 土	4 金	3 木	2 水	1 火
△	○	◎	○	◎	○	▲	▲	○	△	○	◎	○	◎	○	▲
	31 木	30 水	29 火	28 月	27 日	26 土	25 金	24 木	23 水	22 火	21 月	20 日	19 土	18 金	17 木
	○	◎	○	▲	▲	○	△	○	◎	○	◎	○	▲	▲	○

八月　運勢

八月七日立秋の節より
月命甲申　五黄土星の月
暗剣殺　なし

月の前半は好調に進展するようですが、結果をつかむまでは気持ちを緩めないでください。事態が急変するかもしれない不安定な運気です。進捗状況が悪いからと言って急に予定を変更すると、かえって危険です。今まで不調をかこっていた人は、反対に逆転の発想で心機一転を試みても良いです。

●八月の方位

今月の吉方位	大吉→南 吉→西、戌、乾
8月の幸運数	5、6、7
幸運色	ゴールド

●吉日と注意日

16 土	15 金	14 木	13 水	12 火	11 月	10 日	9 土	8 金	7 木	6 水	5 火	4 月	3 日	2 土	1 金
○	▲	▲	○	△	○	◎	○	◎	○	▲	▲	○	△	○	◎
	31 日	30 土	29 金	28 木	27 水	26 火	25 月	24 日	23 土	22 金	21 木	20 水	19 火	18 月	17 日
	○	△	○	◎	○	◎	○	▲	▲	○	△	○	◎	○	◎

九月　運勢

九月七日白露の節より
月命乙酉　四緑木星の月
暗剣殺　東南の方位

地位や名誉を得られるので得意満面に陥りやすい時です。より一層の謙虚さが重要です。独断専行や我田引水なやり方をすると敬遠されます。実力を普段着のまま出せば良いのです。目先の利益にこだわらず、将来の発展を見据えた手を打ちましょう。強い精神力が重要です。時には繁華街で華やかに息抜きを。

●九月の方位

今月の吉方位	中吉→甲、乙 吉→西
9月の幸運数	1、4、9
幸運色	ブラウン

●吉日と注意日

16 火	15 月	14 日	13 土	12 金	11 木	10 水	9 火	8 月	7 日	6 土	5 金	4 木	3 水	2 火	1 月
○	◎	○	◎	○	▲	▲	○	△	○	◎	○	◎	○	▲	▲
		30 火	29 月	28 日	27 土	26 金	25 木	24 水	23 火	22 月	21 日	20 土	19 金	18 木	17 水
		○	▲	▲	○	△	○	◎	○	◎	○	▲	▲	○	△

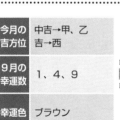

十月 運勢

十月八日寒露の節より
月命丙戌　三碧木星の月
暗剣殺　東の方位

自分の実力を十分に蓄えて磨きましょう。実力養成に最適な月です。さらに、時間のやりくりがうまくできる好機の時です。仕事が思い通りに進捗しなくても、焦らず平常心を保ち頑張ってみましょう。

良否の選択に迷うことがあれば、倫理道徳に照らし合わせた選択を。「他者が喜ぶこと」は最善の選択肢です。

●十月の方位

今月の吉方位	中吉→巳、巽
10月の幸運数	2、4、9
幸運色	レッド

●吉日と注意日

16木	15水	14火	13月	12日	11土	10金	9木	8水	7火	6月	5日	4土	3金	2木	1水
▲	○	△	○	◎	○	◎	○	▲	▲	○	△	○	◎	○	◎
	31金	30木	29水	28火	27月	26日	25土	24金	23木	22水	21火	20月	19日	18土	17金
	○	◎	○	◎	○	▲	▲	○	△	○	◎	○	◎	○	▲

十一月 運勢

十一月七日立冬の節より
月命丁亥　二黒土星の月
暗剣殺　西南の方位

思いもしない突発事項が起きそうな月です。日頃から注意深い言動を取りましょう。月の後半は運気が上昇しますので、障害に遭ってもあきらめることなく努力を継続させましょう。内部の実力をしっかり蓄えておきましょう。事態を正視する勇気を持って冷静に判断すれば、良い方向へ転換することができます。

●十一月の方位

今月の吉方位	大吉→東 吉→南、北
11月の幸運数	5、6、7
幸運色	ブラック

●吉日と注意日

16日	15土	14金	13木	12水	11火	10月	9日	8土	7金	6木	5水	4火	3月	2日	1土
○	◎	○	▲	▲	○	△	○	◎	○	◎	○	▲	▲	○	△
		30日	29土	28金	27木	26水	25火	24月	23日	22土	21金	20木	19水	18火	17月
		▲	○	△	○	◎	○	◎	○	▲	▲	○	△	○	◎

十二月 運勢

十二月七日大雪の節より
月命戊子　一白水星の月
暗剣殺　北の方位

華やかな月となり、自分のやりたい方法で対応することができます。懸案だった事柄の解決の糸口が割合簡単に見つかるかもしれません。迅速に処理するのが良いです。物事の順番が狂うと、処理に労力と時間がかかってしまいます。後ろ向きの事態が進展を妨げます。周辺の風評に惑わされず沈着冷静に臨みましょう。

●十二月の方位

今月の吉方位	大吉→東南 中吉→戌、乾
12月の幸運数	1、3、8
幸運色	ダークパープル

●吉日と注意日

16火	15月	14日	13土	12金	11木	10水	9火	8月	7日	6土	5金	4木	3水	2火	1月
△	○	◎	○	◎	○	▲	▲	○	△	○	◎	○	◎	○	▲
	31水	30火	29月	28日	27土	26金	25木	24水	23火	22月	21日	20土	19金	18木	17水
	▲	○	◎	○	◎	○	△	○	▲	▲	○	○	▲	▲	○

九《きゅう》紫《し》火《か》星《せい》

生長期

方位吉凶図

吉方

本年は相生する三碧木星が回座する西北方位の内、戌の方位と乾の方位が吉方となります。月別の吉方は毎月の運勢欄をご覧ください。

凶方

本年は五黄土星が回座する東北方位が五黄殺、反対側の八白土星が回座する西南方位が暗剣殺の大凶方位となります。九紫火星が回座する東方位が本命殺、四緑木星が回座する西方位が本命的殺の大凶方位になります。本年の十二支である巳の反対側、亥の方位が歳破で大凶方位です。月別の凶方は毎月の運勢欄をご覧ください。

今年の運勢の変化と指針

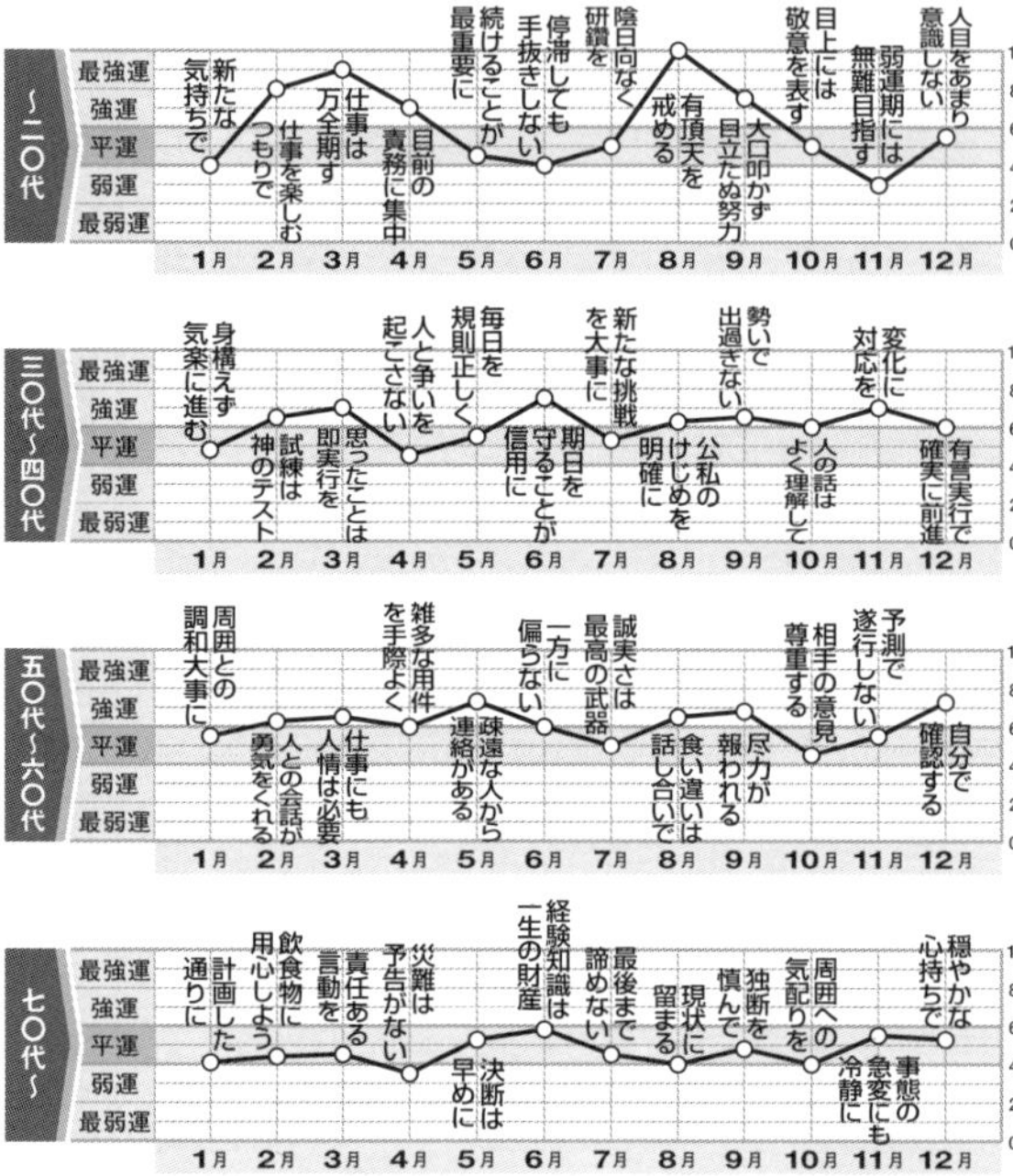

●本年、あなたの本命星である九紫火星は東の震宮《しんきゅう》に回座し、定位置である南の離宮《りきゅう》には六白金星が回座し被同会しています。新しいものへと気移りをします。それだけ活力に満ち満ちているということで、新規事への挑戦には好機です。被同会している六白金星は援助者や目上の人を表しています。その人たちのアドバイスや援助を素直に受けて目的に邁進しましょう。本年は昨年までと違って変化が激しく、早い周期で回転していきますので、決断は迅速にして好機を逃さないようにしましょう。

●隠されていた事実が表面化してきます。表に出てきたことをむしろ喜んで、この際に善処しておくのが今後のためにも良いでしょう。日頃から秘密を作らず不善を働かない生活態度が望ましいものです。

●外出する機会が多くなります。家庭内のことは事前に片付けておきましょう。外出した時は心おきなく目前の事柄に向き合うようにするのが最善策です。

適職

政治家、税理士、会計士、裁判官、警察官、学者、文筆業、証券業、美術工芸商、鑑定士、美容師、タレント、モデル、レポーター、シナリオライター、アーティスト等

年齢別1年間の運勢指針

年齢	運勢
7歳（平成30年 戊戌）	子供は好調・不調などを意識しないでしょう。こじらせないように周囲の人がよく観察しましょう。
16歳（平成21年 己丑）	自分の意見や考え方を持ち、将来を考えながら勉強に励むと、気持ちの入り方が違ってくるでしょう。
25歳（平成12年 庚辰）	仕事に慣れてくると手を抜きたくなります。この時点で仕事を覚えた気になるのは取り組みが甘い証拠です。
34歳（平成3年 辛未）	仕事上での交際範囲が広がり、付き合いも多くなります。社交・交友に入れ込み過ぎないように自制を。
43歳（昭和57年 壬戌）	独断で走らず先輩の意見を聞きながら万全を期しましょう。部下のいる人は、部下が猛進しないように注意。
52歳（昭和48年 癸丑）	絶好調と言ってもよいでしょう。企画通りのスケジュールを実行するのが最善策です。
61歳（昭和39年 甲辰）	成果が上がらないジレンマに悩むでしょう。案ずることはありません。努力の結果は蓄積されていきます。
70歳（昭和30年 乙未）	華やかな月で、物事がよく整う時期にあります。明るい一年を過ごせる星回りです。
79歳（昭和21年 丙戌）	これからも周囲との人間関係を良好に保ち、明るい状況を維持しましょう。殻に閉じこもらないよう注意を。
88歳（昭和12年 丁丑）	数えの八十八歳は米寿。今年も引き続き年齢は八十八歳。若返る一つのきっかけにして頑張りましょう。
97歳（昭和3年 戊辰）	ありのままの自分を出すことが一番大切。生きる証を後続の人たちに知らせるだけでも素晴らしいことです。
106歳（大正8年 己未）	大正ロマンを経験したあなたは貴重な存在。次世代に良い時代の良い雰囲気を伝えてほしいものです。

●今年の健康運

活気が出て健康的に過ごすことができます。気力が充実して活気が出ると、つい無理を重ねてしまいます。アルコールはあなたには本質的に合わないものですから用心をしましょう。お酒の上での失敗も健康阻害につながります。肝臓に悪影響を与えますので警戒しましょう。

持病のある人は再発の可能性が高いので、事前に用心を。

●今年の金銭運

良さそうに見えても実質的実入りは大したことはなさそうです。掛け声倒れになることがあります。見栄を張って消費すると、当てが外れてあとで困ることになります。この本命星の人は貯め込む性質が薄く、あればあるだけ消費してしまうので、将来を考えて少し貯蓄するという意識を持つほうが良いでしょう。

●今年の恋愛運

本年は派手な恋愛をするでしょう。お互いが夢中になって隠しても隠し切れないほどの恋愛という意味です。今年出会う人は賑やかな人かもしれません。明るい華やかな人です。雰囲気に惑わされずに相手をよく観察することが必要です。あなたの心に眠っている自尊心が見栄を張りたくなりますが、素直な気持ちで向き合うのが良いでしょう。

一月 運勢

一月五日小寒の節より
月命丁丑　三碧木星の月
暗剣殺　東の方位

時の流れに沿った計画を立てましょう。仕事は趣味とは違うので、現実感のある計画を実行しましょう。状況が目まぐるしく変化していきます。計画通りに進捗しないジレンマに陥りますが、初期の計画を丹念に遂行していくのが良いです。視野を広く持つと斬新なアイディアが湧いてきます。

●一月の方位

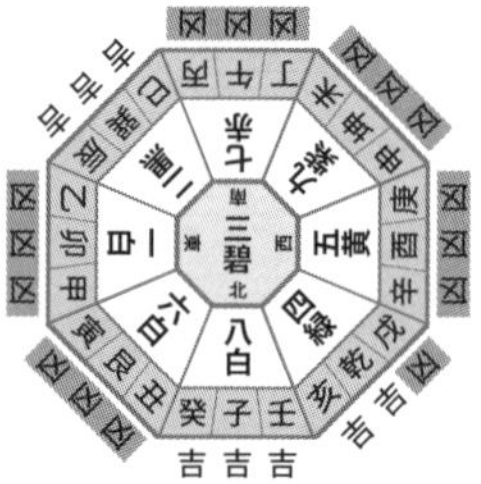

今月の吉方位	大吉→亥、乾 吉→東南、北
1月の幸運数	5、7、0
幸運色	イエロー

●吉日と注意日

1 水	2 木	3 金	4 土	5 日	6 月	7 火	8 水	9 木	10 金	11 土	12 日	13 月	14 火	15 水	16 木
△	◎	○	◎	○	△	▲	○	△	△	◎	○	◎	○	△	▲

17 金	18 土	19 日	20 月	21 火	22 水	23 木	24 金	25 土	26 日	27 月	28 火	29 水	30 木	31 金
○	△	△	◎	○	◎	○	△	▲	○	△	△	◎	○	◎

二月 運勢

二月三日立春の節より
月命戊寅　二黒土星の月
暗剣殺　西南の方位

物事が活発に動き出すのを感じるでしょう。気力が充実して、やる気が出てきます。自信過剰にならないで奮闘しましょう。目に見えて成果が上がり、名誉も得られる好機です。目標を明確に見据えて進めば問題はありません。あまり手を広げ過ぎないほうが良いです。得意分野や専門分野に的を絞って集中しましょう。

●二月の方位

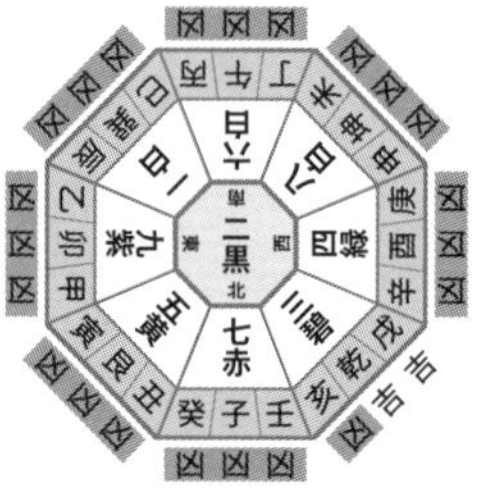

今月の吉方位	大吉→戌、乾
2月の幸運数	2、3、7
幸運色	パープル

●吉日と注意日

1 土	2 日	3 月	4 火	5 水	6 木	7 金	8 土	9 日	10 月	11 火	12 水	13 木	14 金	15 土	16 日
○	△	▲	○	△	△	◎	○	◎	○	△	▲	○	△	△	◎

17 月	18 火	19 水	20 木	21 金	22 土	23 日	24 月	25 火	26 水	27 木	28 金
○	◎	○	△	▲	○	△	△	◎	○	◎	○

三月 運勢

三月五日啓蟄の節より
月命己卯　一白水星の月
暗剣殺　北の方位

順調に進んでいく月です。人間関係は新たな出会いがあり、大きく広がっていきます。人との出会いは貴重です。大切にしましょう。物事の良否を選択する眼識は日頃からの訓練がものを言います。洞察力を働かせていると自然に目利きができるようになるでしょう。観察眼を養い、正しく進んでいきましょう。

●三月の方位

今月の吉方位	大吉→庚、辛 吉→東
3月の幸運数	1、3、6
幸運色	ブルー

●吉日と注意日

1 土	2 日	3 月	4 火	5 水	6 木	7 金	8 土	9 日	10 月	11 火	12 水	13 木	14 金	15 土	16 日
△	▲	○	△	△	◎	○	◎	○	△	▲	○	△	△	◎	○

17 月	18 火	19 水	20 木	21 金	22 土	23 日	24 月	25 火	26 水	27 木	28 金	29 土	30 日	31 月
◎	○	△	▲	○	△	△	◎	○	◎	○	△	▲	○	△

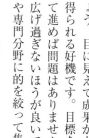

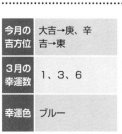

四月 運勢

四月四日清明の節より
月命庚辰　九紫火星の月
暗剣殺　南の方位

今月は営業センスが発揮されて対人関係にも好影響が出ます。営業に携わっている人には比較的吉運の月となります。結果を急がないやり方が功を奏します。

自分中心に動いているのではなく、自分が周囲の状況に動かされていることを自覚して進展すると吉運を招きます。自分の領分内で活動するのが良いです。

●四月の方位

今月の吉方位	吉→東南、西
4月の幸運数	5、8、0
幸運色	ブラック

●吉日と注意日

1火	2水	3木	4金	5土	6日	7月	8火	9水	10木	11金	12土	13日	14月	15火	16水
△	◎	○	◎	○	△	▲	○	△	△	◎	○	◎	○	△	▲

17木	18金	19土	20日	21月	22火	23水	24木	25金	26土	27日	28月	29火	30水
○	△	△	◎	○	◎	○	△	▲	○	△	△	◎	○

五月 運勢

五月五日立夏の節より
月命辛巳　八白土星の月
暗剣殺　東北の方位

今月は脇目もふらず仕事に邁進しましょう。公的な用事が増えて、外出する機会も多くなります。仕事優先で活動して大きな成果が期待できる強運月です。しっかりと自己判断力を身に付けて本業に没頭しましょう。交渉事は積極的に進めて大きな成果が見込めます。また力強い援助者も現れる時です。

●五月の方位

今月の吉方位	大吉→南、北
5月の幸運数	3、4、8
幸運色	グリーン

●吉日と注意日

1木	2金	3土	4日	5月	6火	7水	8木	9金	10土	11日	12月	13火	14水	15木	16金
◎	○	△	▲	○	△	△	◎	○	◎	○	△	▲	○	△	△

17土	18日	19月	20火	21水	22木	23金	24土	25日	26月	27火	28水	29木	30金	31土
◎	○	◎	○	△	▲	○	△	△	◎	○	◎	○	△	▲

六月 運勢

六月五日芒種の節より
月命壬午　七赤金星の月
暗剣殺　西の方位

好調そうに感じられますが、今月は要注意の月です。規則正しく過ごすことを要求されます。少しでも邪《よこしま》な考えを起こすと大凶殺に狙われます。万事慎重に対処するようにしましょう。

先月とは変わって、今月はプライベートでの楽しい時間が多くなります。仕事の後の息抜きの時間は貴重なひと時です。

●六月の方位

今月の吉方位	大吉→壬、癸 吉→南、戌、乾
6月の幸運数	3、5、8
幸運色	ダークグリーン

●吉日と注意日

1日	2月	3火	4水	5木	6金	7土	8日	9月	10火	11水	12木	13金	14土	15日	16月
○	△	△	◎	○	◎	○	△	▲	○	△	△	◎	○	◎	○

17火	18水	19木	20金	21土	22日	23月	24火	25水	26木	27金	28土	29日	30月
△	▲	○	△	△	◎	○	○	◎	△	△	○	▲	△

七月 運勢

七月七日小暑の節より
月命癸未　六白金星の月
暗剣殺　西北の方位

変化変動の宮《きゅう》に回座した月を迎えています。変則的な運気に惑うことなく、自己信念でまっすぐ目標に向かいましょう。計画を変更する時は、変動が激しいことを想定に入れて組み替えると実行しやすくなるでしょう。

欲の深追いをすると痛手を被ります。中庸の精神を生かしましょう。

●七月の方位

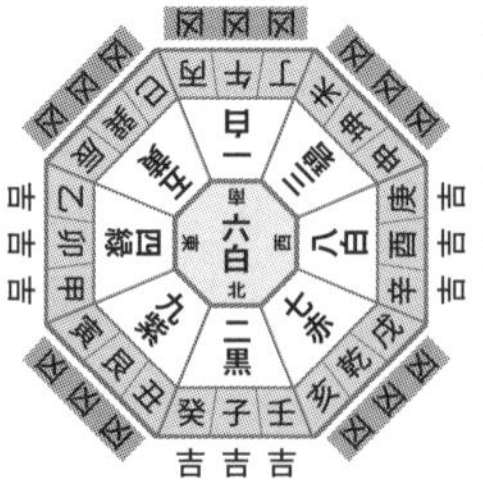

今月の吉方位	大吉→東 吉→西、北
7月の幸運数	5、6、7
幸運色	シルバー

●吉日と注意日

16水	15火	14月	13日	12土	11金	10木	9水	8火	7月	6日	5土	4金	3木	2水	1火
○	△	△	◎	○	◎	○	△	▲	○	△	△	◎	○	◎	○
	31木	30水	29火	28月	27日	26土	25金	24木	23水	22火	21月	20日	19土	18金	17木
	◎	○	◎	○	△	▲	○	△	△	◎	○	◎	○	△	▲

八月 運勢

八月七日立秋の節より
月命甲申　五黄土星の月
暗剣殺　なし

見栄やハッタリを捨てて実力で勝負すると良いでしょう。ありのままの自分を出して対応すれば、相手も安心します。上役の指示や命令には素直に従うのが吉運です。素直に従えば手助けも得られます。逆に部下を持つ人は、部下が本領を発揮できるように慎重に指示すべきです。公明正大に活動することが大切です。

●八月の方位

今月の吉方位	大吉→東、東南
8月の幸運数	1、4、9
幸運色	ホワイト

●吉日と注意日

16土	15金	14木	13水	12火	11月	10日	9土	8金	7木	6水	5火	4月	3日	2土	1金
◎	○	△	▲	○	△	△	◎	○	◎	○	△	▲	○	△	△
	31日	30土	29金	28木	27水	26火	25月	24日	23土	22金	21木	20水	19火	18月	17日
	▲	○	△	△	◎	○	◎	○	△	▲	○	△	△	◎	○

九月 運勢

九月七日白露の節より
月命乙酉　四緑木星の月
暗剣殺　東南の方位

衰運期なのに遊興の機会が多くなりそうです。一方では堅実に働かなければいけないという気持ちが働いてジレンマに陥ります。仕事は現状維持を心掛ければ良いでしょう。新規の計画は次月以降に繰り越したほうが無難です。

異性問題には注意を。この時期の異性間のトラブルは後々に尾を引きます。

●九月の方位

今月の吉方位	吉→甲、乙
9月の幸運数	2、4、9
幸運色	レッド

●吉日と注意日

16火	15月	14日	13土	12金	11木	10水	9火	8月	7日	6土	5金	4木	3水	2火	1月
△	△	◎	○	◎	○	△	▲	○	△	△	◎	○	◎	○	△
		30火	29月	28日	27土	26金	25木	24水	23火	22月	21日	20土	19金	18木	17水
		◎	○	△	▲	○	△	△	◎	○	○	○	△	▲	○

十月 運勢

十月八日寒露の節より
月命丙戌　三碧木星の月
暗剣殺　東の方位

何事も他人任せにしない心掛けが大事です。困難に遭遇した時も敢然と立ち向かう気構えが重要です。

今月は家庭を意識して大事にしてください。家庭がしっかり保たれていれば、仕事に使命感を持って没頭できます。

今月は依頼事を受けないほうが無難です。受けるとトラブルに巻き込まれます。

●十月の方位

今月の吉方位	大吉→戌、乾 吉→北、巳、巽
10月の幸運数	6、7、0
幸運色	グレー

●吉日と注意日

1水	2木	3金	4土	5日	6月	7火	8水	9木	10金	11土	12日	13月	14火	15水	16木
○	◎	△	△	○	▲	△	○	◎	○	◎	△	△	○	▲	△

17金	18土	19日	20月	21火	22水	23木	24金	25土	26日	27月	28火	29水	30木	31金
○	◎	○	◎	△	△	○	▲	△	○	◎	○	◎	△	△

十一月 運勢

十一月七日立冬の節より
月命丁亥　二黒土星の月
暗剣殺　西南の方位

努力した分が実績となって現れる盛運月であり好運月です。周囲から注目もされます。期待に沿う努力は、あなたを上昇機運へと導く起爆剤となります。大いに精進しましょう。迷いやためらいをなくし、結果が出るよう全力を尽くすのが良いです。自己の能力を信じて前進するのが吉運です。

●十一月の方位

今月の吉方位	大吉→戌、乾
11月の幸運数	3、7、8
幸運色	ダークパープル

●吉日と注意日

1土	2日	3月	4火	5水	6木	7金	8土	9日	10月	11火	12水	13木	14金	15土	16日
○	▲	△	○	◎	○	◎	△	△	○	▲	△	○	◎	○	◎

17月	18火	19水	20木	21金	22土	23日	24月	25火	26水	27木	28金	29土	30日
△	△	○	▲	△	○	◎	○	◎	△	△	○	▲	△

十二月 運勢

十二月七日大雪の節より
月命戊子　一白水星の月
暗剣殺　北の方位

好調な運気のうちに本年を終えられそうです。本年内に処理しなければいけないことを列記し、遺漏のないように気を配りましょう。新たな取引は、根回しを良くして来年になってから本格的に動き出しても差し障りはありません。

目先の小さな利益に気を奪われず、長期的視野で物事を見ましょう。

●十二月の方位

今月の吉方位	大吉→西 吉→東
12月の幸運数	1、6、9
幸運色	マリンブルー

●吉日と注意日

1月	2火	3水	4木	5金	6土	7日	8月	9火	10水	11木	12金	13土	14日	15月	16火
○	◎	○	◎	△	△	○	▲	△	○	◎	○	◎	△	△	○

17水	18木	19金	20土	21日	22月	23火	24水	25木	26金	27土	28日	29月	30火	31水
▲	△	○	◎	◎	○	△	▲	○	△	△	◎	○	◎	○

相性を判断する

九星による相性は、一白水星から九紫火星までの九星の五行、木・火・土・金・水の相生・相剋によって決められます。

また十二支にも相性の吉凶があります。したがって九星、十二支双方から見ての相性が吉であれば申し分ありません。

●九星による 女性から見た大・中吉の男性

	大吉	中吉
一白生まれ	六白・七赤	一白・三碧・四緑
二黒生まれ	九紫	五黄・八白・六白・七赤・二黒
三碧生まれ	一白	九紫・四緑・三碧
四緑生まれ	一白	九紫・三碧・四緑
五黄生まれ	九紫	六白・七赤・八白・二黒・五黄
六白生まれ	二黒・五黄・八白	一白・七赤・六白
七赤生まれ	二黒・五黄・八白	一白・七赤・六白
八白生まれ	九紫	二黒・五黄・六白・七赤・八白
九紫生まれ	三碧・四緑	二黒・五黄・八白・九紫

●九星による 男性から見た大・中吉の女性

	大吉	中吉
一白生まれ	三碧・四緑	六白・七赤・一白
二黒生まれ	六白・七赤	二黒・五黄・八白・九紫
三碧生まれ	九紫	一白・四緑・三碧
四緑生まれ	九紫	一白・三碧・四緑
五黄生まれ	六白・七赤	二黒・八白・九紫・五黄
六白生まれ	一白	二黒・五黄・八白・七赤・六白
七赤生まれ	一白	二黒・五黄・八白・六白・七赤
八白生まれ	六白・七赤	二黒・五黄・九紫・八白
九紫生まれ	二黒・五黄・八白	三碧・四緑・九紫

●十二支による男女の相性

子年生まれ	申・辰・丑年の人が吉
丑年生まれ	巳・酉・子年の人が吉
寅年生まれ	午・戌・亥年の人が吉
卯年生まれ	亥・未・戌年の人が吉
辰年生まれ	申・子・酉年の人が吉
巳年生まれ	酉・丑・申年の人が吉
午年生まれ	寅・戌・未年の人が吉
未年生まれ	亥・卯・午年の人が吉
申年生まれ	子・辰・巳年の人が吉
酉年生まれ	巳・丑・辰年の人が吉
戌年生まれ	寅・午・卯年の人が吉
亥年生まれ	卯・未・寅年の人が吉

人相の見方

人相は、骨相・顔相（面相）・体相に分けられ、人の性格、病気（健康状態）、職業、運気などを判断することができます。現在では顔相のことを人相と呼ぶことが多くなっています。

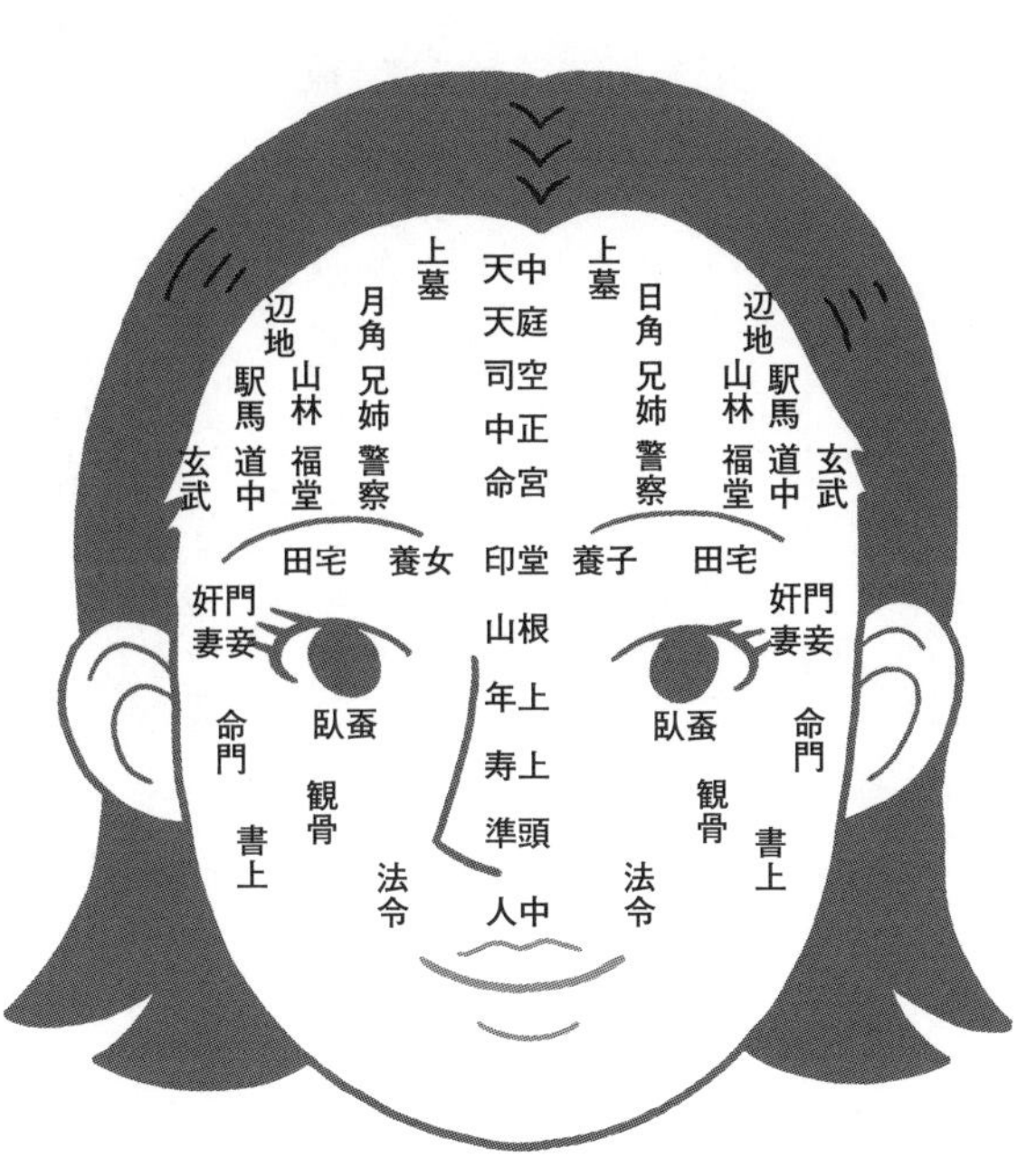

■**天中**《てんちゅう》 神の主座であって、信仰心の表れるところ。物事すべてにおいて正直な心で接すると、美色が出て、一家安泰となる。

■**天庭**《てんてい》**、司空**《しくう》 政府、裁判所、公儀に関することを見るところ。正しい行ないをしていれば万事が都合よく運ぶ。紅潤色か淡い黄色があれば、なお良好。

■**中正**《ちゅうせい》**、命宮**《めいきゅう》**、印堂**《いんどう》 すべて望み事を見る。これらの部位に、つやのある明るい色や新芽のような輝きのある色があれば、望み事が早くかなう。

■**養子**《ようし》**、養女**《ようじょ》 子供のない家庭に他家からの縁談がある場合、この部分がつやのあるよい血色（紅潤色か淡い黄色）だと良縁になる。

■**警察**《けいさつ》 警察に関することを見る。この部位に美色が出ると、協力事などで表彰されることがある。

■**福堂**《ふくどう》 数学の出来不出来を見る部位。美色が出ると手に入れた金銭が身について豊かになる。

■**駅馬**《えきば》**、道中**《どうちゅう》 引っ越し、旅行に関することを見る。普段の色合いの時、あるいはつやのある時は、引っ越し、旅行とも実行して差し障りない。

■**玄武**《げんぶ》 キズなどがなければ、盗難や災厄に遭った時に被害が少ない。また、被害品が手元に戻る。

■**山林**《さんりん》 田畑、土地を見る。切りキズなどをつけないように気を付ける。

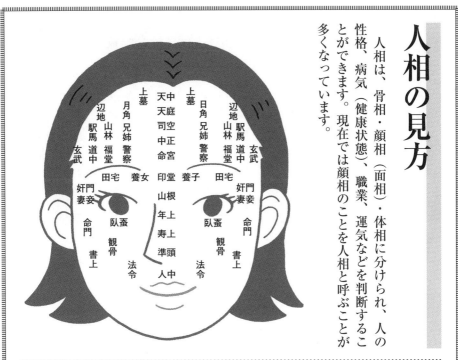

手相の見方

人間の過去、現在、未来の運命はすべて手相に表れているといわれます。手相学には、手型による性格判断と掌線による運命判断という二つの部門があります。

手相を見る方法としては、いわゆる利き手に重点を置き、左右両手の特徴を見ながら柔軟に判断していきます。

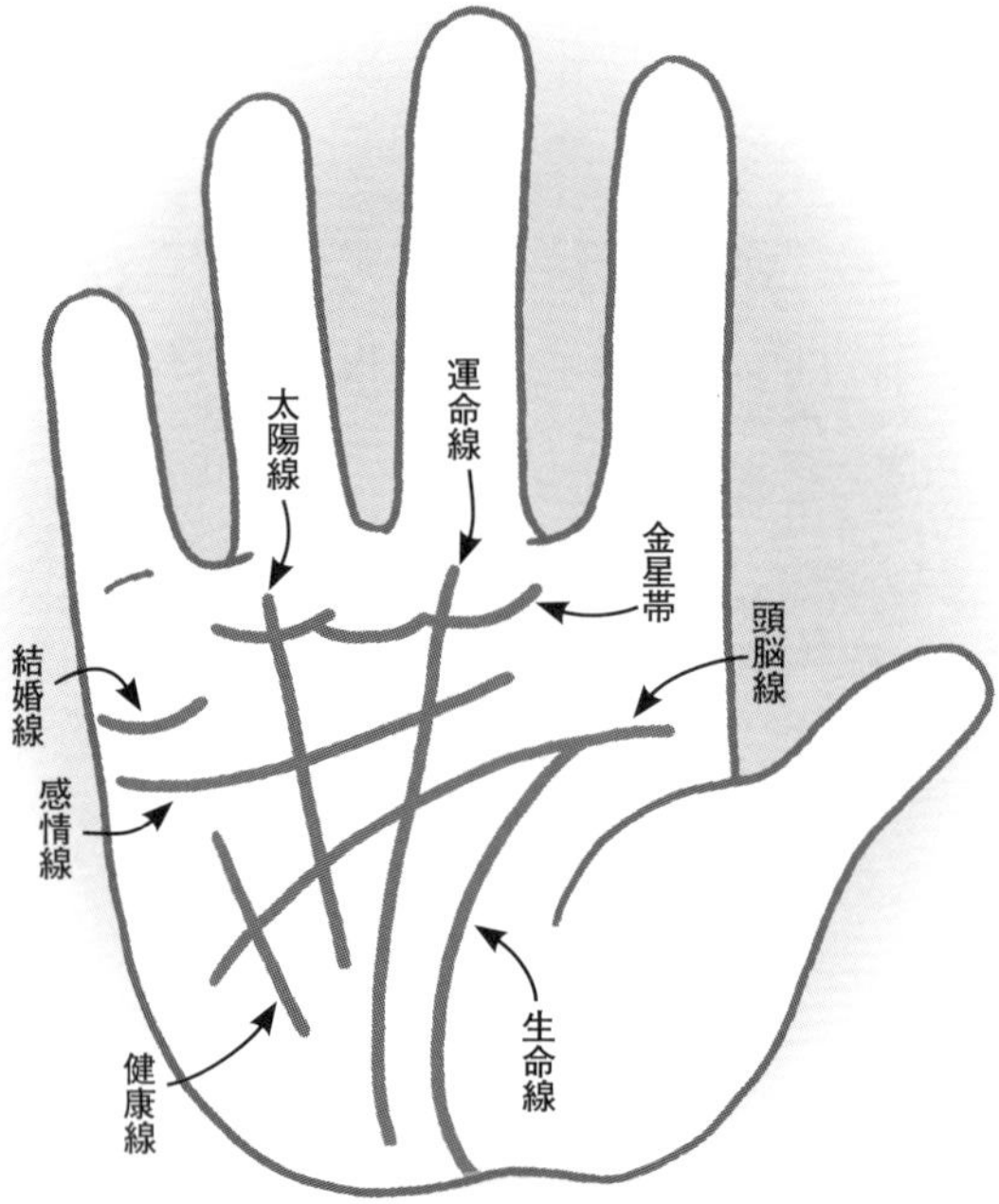

■生命線

寿命の長短や健康状態を示すもので、三大重要線の一つです。太く、深く、長くはっきりと伸びていて、途中に乱れや切れ目がなく、美しい淡紅色を最上とします。この相の人は健全な生活力をもって無事に長生きする人です。

生命線の短い人は、原則として短命とみますが、他に良好な線がある時は、その限りではありません。

■頭脳線

その人の能力や頭脳の働きを示します。知恵、判断力、直感力、才能、知能の働きを示し、生活力にも大きな影響を与えます。切れ目がなくはっきりした線は、他の線の悪いところをある程度補います。

■感情線

その人の感情や家庭運、結婚運を表す重要な線です。別名「愛情線」とも呼ばれます。社会で生活していくうえで最も大切な横の絆、愛情を示し、深く明瞭に刻まれて、乱れがないのを良相とします。

■運命線

手首の上から中指のつけ根へ、太くまっすぐに力強く走っているのが吉相です。主要三大線（生命線・頭脳線・感情線）が良好な状態を示していれば、最上の相です。運命線と主要三大線が整った吉相の持ち主は、「智情意」に恵まれ、力強い発展力と実行力によって、その運命は、素晴らしい上昇を続けます。

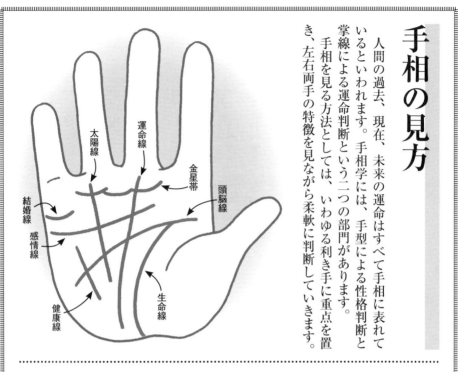

厄年の知識

厄年の歴史

平安時代の「宇津保物語」「源氏物語」「栄華物語」、江戸時代の百科事典といわれる「和漢三才図会」などに載っている「厄年」は、七歳、十六歳、二十五歳、三十四歳、四十三歳、五十二歳、六十一歳です。

明治以降になって定着した「厄年」は、男性二十五歳、四十二歳、女性十九歳、三十三歳となっていて、今でも通念になっています。

厄年の発生は、中国古代の陰陽道に基づいたといわれていますが、その根拠は明確にされていません。しかし当時はもちろん、その後の長い年月にわたって、厄年は大きな影響を人間生活に与え、今日でもある意味では科学的事実といえます。

現在の「厄年」は、数え歳で男性四十二歳、女性三十三歳の大厄を指すのが一般的です。

前厄・本厄・後厄

方位気学は、本命星が坎宮に回座した年を、運気停滞して多事多難、衰極の凶運年としています。つまり、「厄年」です。厄年とは「天運味方せず」の時であり、仕事、事業、商売上のことも個人的な悩み事も多発する傾向となります。特に、病魔潜入の暗示があり、健康管理が極めて大事です。

坎宮回座の前年は、本命星が離宮に回座し、吉凶交互、運気不順、いわば衰運に向かっていく年で、これが前厄です。また、坎宮回座の翌年は、本命星が坤宮に回座して、前年までの停滞運気の延長線上にあり、これが後厄となります。

つまり、前厄・本厄・後厄三年間の処し方に誤りがあってはいけないのです。慎重さと「他力本願」の方針が無事安泰の鍵となります。長年の体験からみても、相談にみえる多くの方々の実例の中に、適合する事例のなんと多いことかと驚いているのが実情です。

家相

家相八方位吉凶一覧

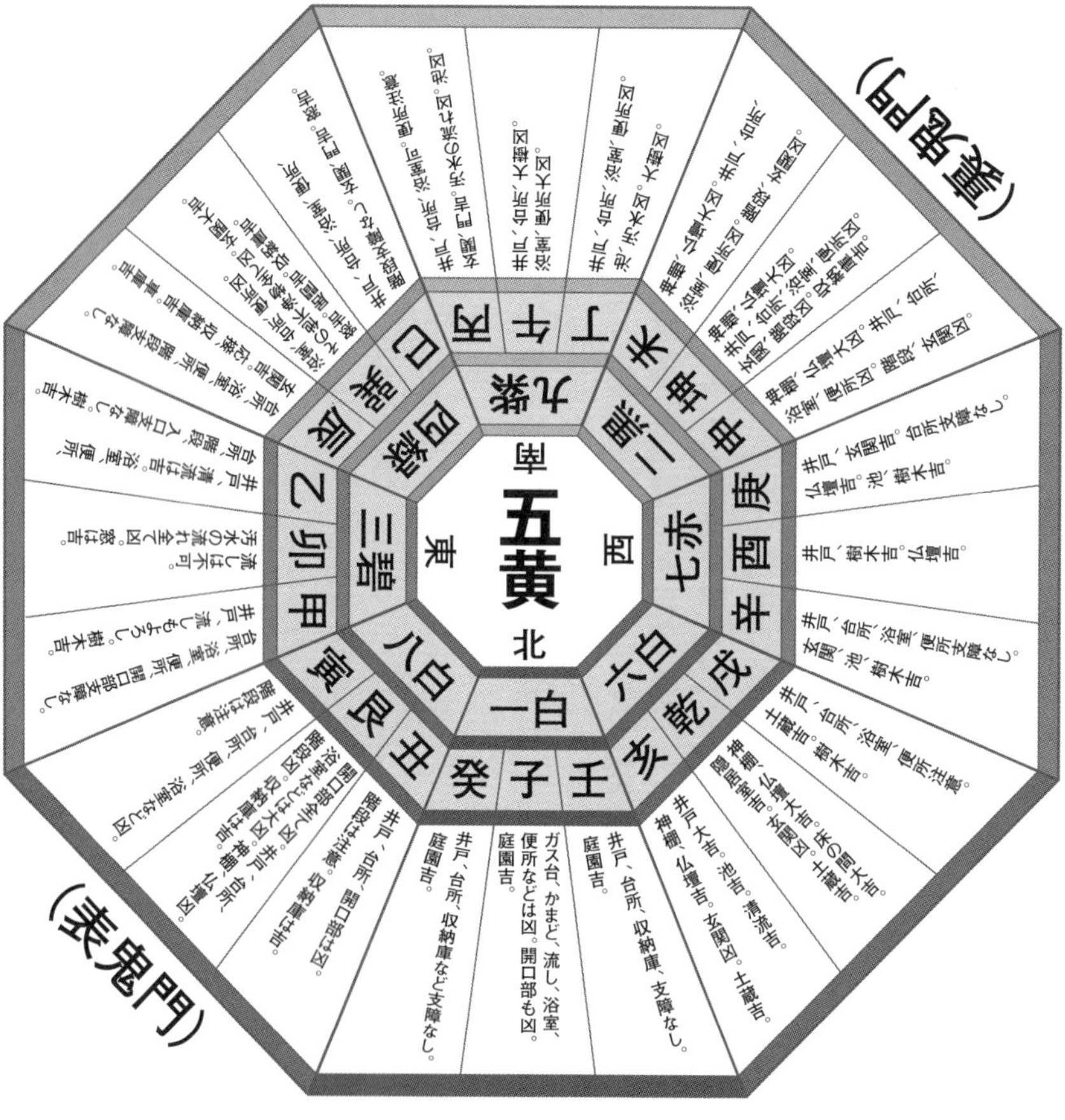

家相盤の用い方

右ページの図が土地、家宅の吉凶を鑑定するのに用いる「家相盤」です。方位をわかりやすく示すために３６０度を八方位に分け、それぞれを45度とし、それをさらに十干、十二支に分けて15度ずつとし、二十四方位に分割しています。通常、これを二十四山《にじゅうしざん》と称しています。

八方位は易の八卦からきたもので、東・西・南・北の四正《しせい》と、東南・西南・西北・東北の四隅《しぐう》を合わせたものです。

家相盤の用い方は、家の中央となるところに磁石を置き、東西南北を定めます。そして図の線をまっすぐ伸ばした線と線の間にある事物と、盤の中に記されている説明とを対比して、吉凶を鑑定してください。

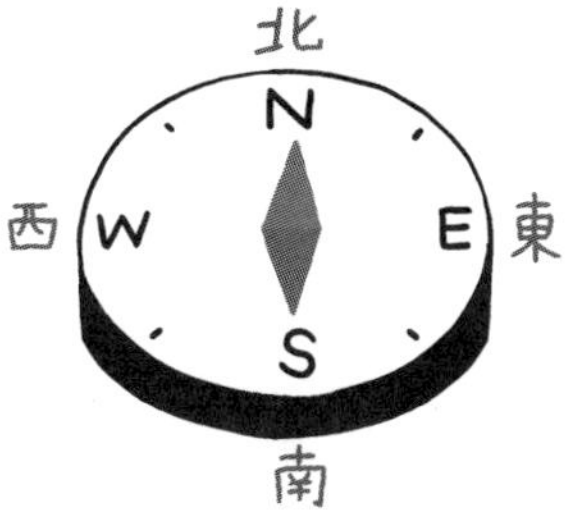

また、古《いにしえ》より八方位に割りあてた吉凶禍福の法則がありますので、次にこれを記します。八方位の法則と二十四山の吉凶を加味して鑑定すれば、家相・土地の吉凶を判断するうえで参考になります。

●八方位の吉凶禍福の法則

東方……万物が発生するところの方位ですから、この方位にあたると、家が富み、子孫も繁栄します。

東南方…陽気が訪れるといわれる方位です。万事活躍の方位で、主として産業盛衰の問題に関係します。

南方……極陽になりますので、万事を育成する方位です。この方位の用い方が正しければ子孫長久です。

西南方…極陽発陰のところで、陰気が盛んにものに逆らい、障りの多い方位です。俗に裏鬼門といって、最も注意を要する方位です。

西方……百物を収穫する徳のある方位ですが、一面には秋風が草木を枯らすという気もあって、これに反した場合は資産も失うといいます。

西北方…天の徳の広大という方位にあたり、万物生成の根本となり、一切の貴福をつかさどる大切な方位です。

北方……一陽来復の気にあたり、最も高貴な方位ですから、その道にかなっていれば、非常な幸福を得ることができます。

東北方…俗に鬼門といわれる方位にあたり、生滅二気の中心にあたるため百害の気も多く、主として病難や相続についての問題に見舞われます。

●家相について

家相については、気学によるところの五行（木・火・土・金・水）によって割り振られた方角と、それに対する諸設備との相性によって吉凶を判断し、そこに住む人の吉凶を占います。家はそこに住む人を、風・雨など自然から守るものです。それゆえに、その気候・風土と密接な関係があります。地相では東に青龍として川、西に白虎として道、南に朱雀として平地、北に玄武として丘がある土地を最上といっています。「田地善ければ苗能く茂り、家宅吉相なれば家運栄ゆ」とあります。地相・家相といっても難しいものではありません。自然の法則により我々人間の生活を守り、豊かにしようとするものに他なりません。故に、吉相の土地で吉相の建物に住居すれば、自然の恵みを受け、発展、幸せになるのです。

人間には持って生まれた運命としての先天運と、自分自身の努力や出会った人からの影響で開かれる後天運とがあります。この二つの運気は切り離すことはできません。先天運で恵まれた人でも怠惰であったり、甘えがあったりすれば、せっかくの運気を生かすことはできません。また先天運に弱点のある人でも、それを補うように努力をすれば、仮に逆境にあってもそれを乗り切り、良い運気を掘り起こすことができます。ですから、どんなに良い地相・家相の家に住んでいても、住人が正しくなければ無効です。地・宅と人の気の両方が互いに寄り合って幸せを招くものです。運法は〝地の利は人の和に及ばず〟といっていますが、その人の行いも大切でしょう。

地相・家相が完全に良い家に住んでいれば、自分はいかに悪い行ないをしていても、いつも家族がそろって健康で幸福に暮らせると思うのは間違った考え方で、良い土地・良い家に住んで、良い行ないをしてこそ、真の幸福が得られるのです。さらに、家相上の欠点を指摘されても気にせず、凶相の家に住み続ける人もいます。また、改築や移転によって凶運気を避け、新しい吉運気を開く人もいます。家相を理解し、それを活用することができるかどうかもまた、その人の持つ運気次第といえるのかも知れません。

家相の吉凶は、その家に住む人との関係によって左右されるということは前述しましたが、それは地相と家相の関係にもいえることです。狭義の家相は、家屋という建物によって吉凶を占いますが、広義の家相はその家の建っている敷地の相、すなわち地相も含んでいます。ですから家相が良いか悪いかは、どのような土地にどのような家が建てられているのか、その家はどのような形か、また部屋の位置、設備その他がどうなっているかといったことから判断します。地相といっても難しく考えることはないのです。現代風に直せば、立地条件といってもよいでしょう。

●張り欠けについて

張りとは一部が張り出しているところ、欠けとは一部がへこんでいるところをいいます。基本的にある程度の張りは吉、欠けは凶とみます。張り・欠けの形態は種々の場合があり、その細かい説明は複雑なものになりますので、一応原則としての考え方についてのみ記します。

わかりやすい数字を挙げて説明しますと、張り欠け共に三分の一というのがその基準となります。

建物の一辺の長さの三分の二以内がへこんでいる場合は〝欠け〟とみなし、反対に建物の三分の一以内の長さが出っ張っているものを〝張り〟とみなします。

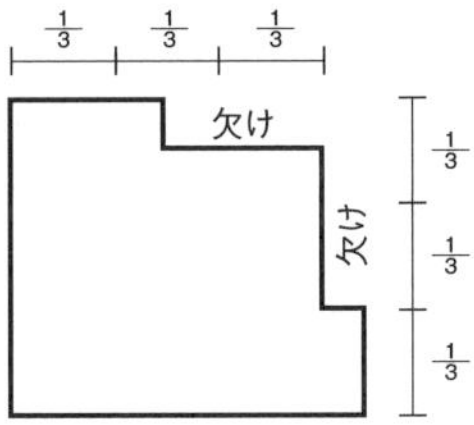

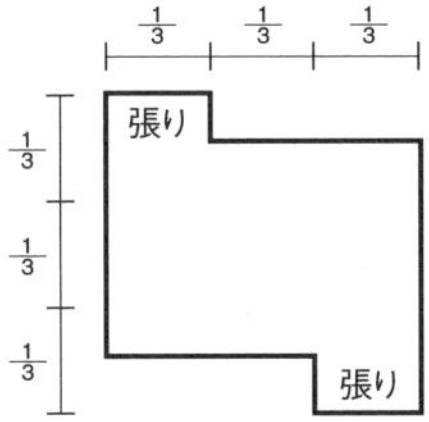

●三所三備について

家相では「三所《さんしょ》」と「三備《さんび》」に重点を置いています。三所とは東北方（鬼門）、西南方（裏鬼門）及び中央の三ヵ所を指し、三備とは便所、かまど、井戸（あるいは浴室）の三つの設備を指します。三所は陰気、不潔になることを忌むとします。三備は日常生活に最も大切なところですから、これらの配置や施設を完全にしましょう。

●神棚・仏壇の方位について

現在では神棚がほとんどですが、「神間」を設けるのが正式です。神棚は家の中央を避け、高い位置に設けますが、その下を人が通れるような場所は凶とされています。また、他に適当な場所がなく、二階が座敷や押入れの場合は、神棚の天井へ「雲」と書いた紙を貼ります。

■神棚の方位

北に設けて南向きは吉。

西北に設けて東南向き、南向き、東向きは吉。

東北、西南の方位は、その方に設けても、向けても凶。

■仏壇の方位

仏壇は宗派によってそれぞれ宗旨に合ったものを適切な位置に設けなければなりません。

西北に設けて東南に向けるのは吉。

西に設けて東に向けるのは吉。

北に設けて南向き、西向きは吉。

東に設けて西向き、南向きは吉、北向きは凶。

東北、西南の方位は、その方に設けても、向けても凶。

毎日の株式相場高低判断

十干十二支

きのえ　ね　急騰暗示
きのと　うし　利食い千人力
ひのえ　とら　買い出動
ひのと　う　人気にならない
つちのえ　たつ　乱高下注意
つちのと　み　買うところ
かのえ　うま　暴落予告
かのと　ひつじ　ガラガラ落ちる
みずのえ　さる　上下に小動き
みずのと　とり　まだまだ上がる
きのえ　いぬ　だまって買う
きのと　い　買いチャンス
ひのえ　ね　恐いが買う
ひのと　うし　目つむって買う
つちのえ　とら　ジリ貧
つちのと　う　ここからジリ高
かのえ　たつ　見切って乗り換え
かのと　み　下押しする
みずのえ　うま　大下落の危険

みずのと　ひつじ　整理場面
きのえ　さる　買ってよし
きのと　とり　売り準備
ひのえ　いぬ　見送る
ひのと　い　軟弱
つちのえ　ね　当分相場なし
つちのと　うし　泥沼　見切る
かのえ　とら　にわかに急騰
かのと　う　売るところ
みずのえ　たつ　売り待ちに戻りなし
みずのと　み　買い場近し
きのえ　うま　戻り売り
きのと　ひつじ　小動きに終始
ひのえ　さる　見送る
ひのと　とり　売りに利あり
つちのえ　いぬ　休むも相場
つちのと　い　買うところ
かのえ　ね　なりゆき買い
かのと　うし　買い方堅持

みずのえ　とら　買いひとすじ
みずのと　う　買いに利あり
きのえ　たつ　買い安心
きのと　み　買い一貫
ひのえ　うま　高値追い注意
ひのと　ひつじ　買って大利
つちのえ　さる　往来相場
つちのと　とり　急騰予告
かのえ　いぬ　弱きに推移
かのと　い　大相場の序曲
みずのえ　ね　もちあい
みずのと　うし　模様ながめ
きのえ　とら　売り一貫
きのと　う　中段もみあい
ひのえ　たつ　反発急騰あり
ひのと　み　売りは急ぐ
つちのえ　うま　強気を通せ
つちのと　ひつじ　動かない
かのえ　さる　意外高あり
かのと　とり　動きなし
みずのえ　いぬ　押し目買い
みずのと　い　もちあいばなれ

三土の年の調べ方

人生にはいろいろな変化があります。良いほうに向かっている時は良いのですが、悪い時にはなぜだろうと悩むことでしょう。

去年まで万事順調に効果的な動き方をしていたのに、今年は初めから物事につまずき通しで、厄病神にでもつかれたのではないかと悩むことがあります。反対に、思いもかけない抜擢を受けて昇進したり、大儲けをすることもあるでしょう。なぜこのようになるのでしょうか。

下の八角形の図を見てください。

八方に分けた所に中央を加えた九つの場所に、それぞれ一歳から百歳までの年齢（数え歳）が記されています。そして、艮《ごん》（丑寅《うしとら》）、中央（中宮）、坤《こん》（未申《ひつじさる》）の三方を貫く斜線があります。この線上にある場所を傾斜宮（三《さん》土《ど》）と呼び、土星がつかさどります。この三土に入った年は、運命的に変化が起こる年といわれ、悪くも良くもなるものなのです。

土は万物を変化させる性質を持っています。気学では、土性宮に入る人は、土性により運命の変化をもたらされる年となるとされています。

この土性の年に、作家の太宰治氏が玉川上水に入水自殺（四十歳）、国鉄総裁の下山定則氏が事故死（四十九歳）など、実例は枚挙にいとまがありません。

現在のように情勢変化の激しい時代を泳ぎきるには、運命の変化を先取りして凶運を吉運に切り替える方法を考え、万全を期すことが望ましいのです。

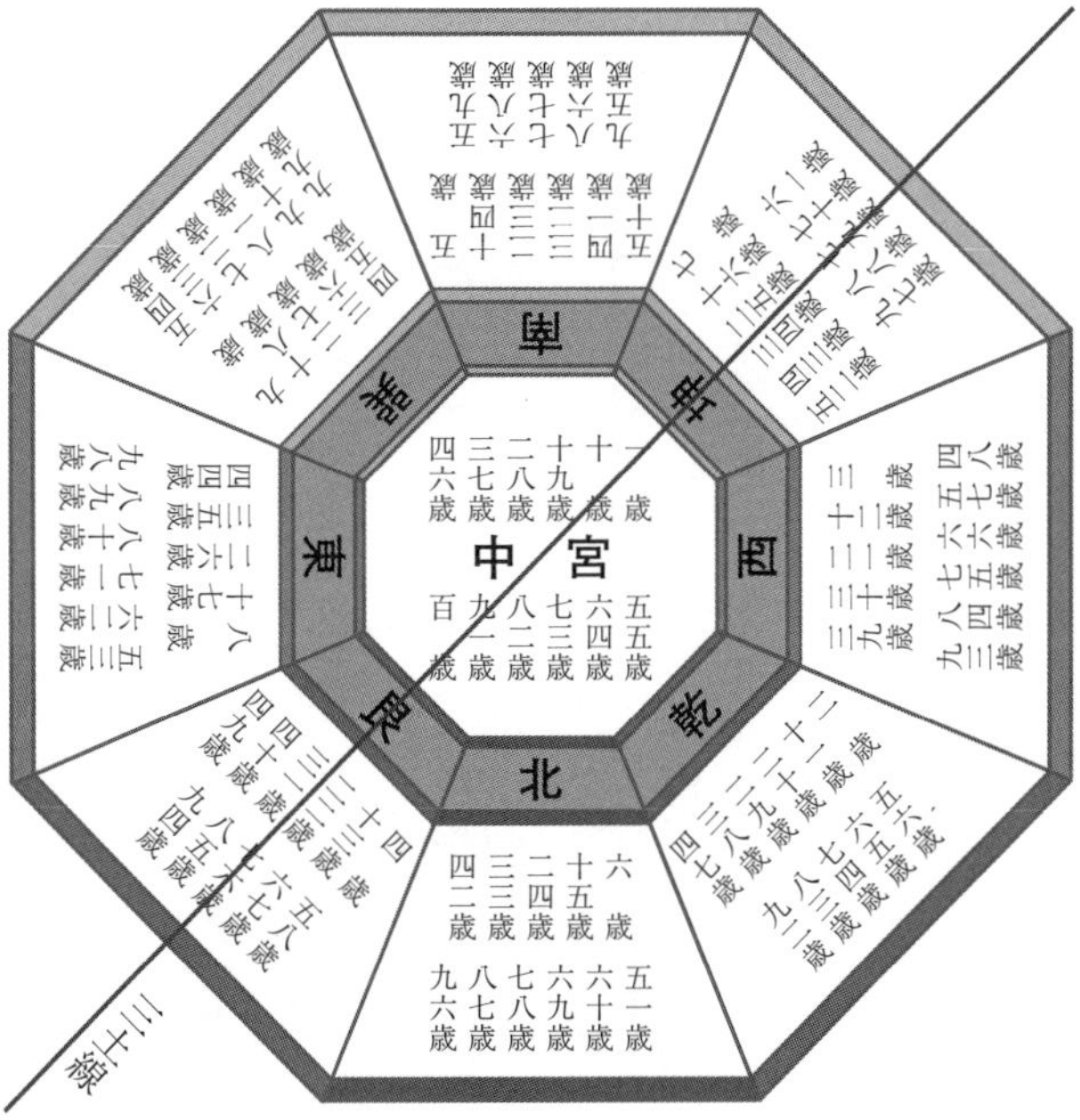

占いの名門!!
高島易断の運命鑑定・人生相談

読者の方のご相談に経験豊富な鑑定師が親切・丁寧にお答えします

①本年の運勢　**一件につき五千円**
特にご希望があればその旨お書き添えください。

②移転、新築　**一件につき五千円**
現住所と(移転先)新築場所・希望地を示した地図。
家族の氏名・生年月日を明記してください。

③家相、地相、墓相　**一件につき五千円**
建築図、地形図に北方位を明示したもの。
家族の生年月日を明記してください。

④命名、撰名、改名　**一件につき三万円**
誕生の生年月日、性別、両親の氏名と生年月日。
氏名にはふりがなをつけてください。

⑤縁談　**一件につき五千円**
当事者双方の氏名、生年月日などを明記してください。
相手方の両親との相性を希望する場合はその旨明記してください。

⑥就職、適性、進路　**一件につき五千円**
当事者の氏名、生年月日を明記してください。
決まっている所があればお書きください。

⑦開店、開業　**一件につき壱万円**
代表者の氏名、生年月日、開業場所の住所を明記してください。

⑧会社名、社名変更(商号、屋号、芸名、雅号含む)　**一件につき五万円**
業種、代表者氏名、生年月日を明記してください。

■面談鑑定お申し込みに際してのご注意
面談鑑定は予約制です。鑑定ご希望の場合は必ず事前に連絡して予約を入れてください。

■通信鑑定お申し込みに際してのご注意
お申し込みは申込書に相談内容の記入漏れがないようはっきりご記入のうえ、必ず鑑定料を添えて現金書留でお送りください。

●お問い合わせ、お申し込み先
〒108-0073　東京都港区三田2-7-9　サニークレスト三田B1
高島易断協同組合　鑑定部
フリーダイヤル0800-111-7805
電話03-5419-7805　FAX03-5419-7800

申込日　　年　　月　　日

鑑定申込書

生年月日	氏名	住所	相談内容（ご相談内容はできるだけ簡単明瞭にお書きください）
大正・昭和 平成・令和 年 月 日生	ふりがな	〒□□□－□□□□	
性別	電話番号		
男・女			
年齢			
歳			

☆ご相談内容は、すべて秘密として厳守いたします。ご記入いただいた個人情報は、運命鑑定以外の目的には使用しません。

高島易断の暦は
いつも、あなたのそばにあり。
毎月・毎日の好運の指針として、
きっとお役に立てることでしょう……。

令和七年 高島易断吉運本暦

蔵 版 高島易断
編 著 高島易断協同組合
発行所 株式会社ディスカヴァー・トゥエンティワン
〒102-0093
東京都千代田区平河町2-16-1
平河町森タワー11F
電 話 03・3237・8321（代表）
FAX 03・3237・8323

印刷製本 中央精版印刷株式会社
DTP 株式会社 T&K
発行日／2024年7月19日 第1刷
ISBN 978-4-7993-3061-6

定価は裏表紙に表示してあります。
乱丁・落丁本は小社にてお取替えいたしますので、
小社「不良品交換係」まで着払いにてお送りください。

■本書の記載内容についてのお問い合わせは、
つぎの所へお願いします。

高島易断協同組合
〒108-0073
東京都港区三田2-7-9 サニークレスト三田B1
電 話 03・5419・7805
FAX 03・5419・7800